Dr. Breitkreuz, Gustav

„NEUN ERFOLGSREZEPTE, DIE DAS UNTERNEHMEN FIT HALTEN"

Eine Anleitung zur Gesunderhaltung des Unternehmens

Berichte aus der Betriebswirtschaft

Gustav Breitkreuz

"Neun Erfolgsrezepte, die das Unternehmen fit halten"

Eine Anleitung zur Gesunderhaltung des Unternehmens

Shaker Verlag
Aachen 2004

Bibliografische Information der Deutschen Bibliothek
Die Deutsche Bibliothek verzeichnet diese Publikation in der Deutschen Nationalbibliografie; detaillierte bibliografische Daten sind im Internet über http://dnb.ddb.de abrufbar.

Copyright Shaker Verlag 2004
Alle Rechte, auch das des auszugsweisen Nachdruckes, der auszugsweisen oder vollständigen Wiedergabe, der Speicherung in Datenverarbeitungsanlagen und der Übersetzung, vorbehalten.

Printed in Germany.

ISBN 3-8322-3432-2
ISSN 0945-0696

Shaker Verlag GmbH • Postfach 101818 • 52018 Aachen
Telefon: 02407 / 95 96 - 0 • Telefax: 02407 / 95 96 - 9
Internet: www.shaker.de • eMail: info@shaker.de

INHALTSVERZEICHNIS

Vorwort... 13

1. Erfolgsrezept: Permanente Überprüfung und Konkretisierung der ... 15
   Unternehmensziele

   1.1 Grundlegende Bemerkungen... 15

   1.2 Zusammenhang zwischen Unternehmensziele und
       Unternehmensphilosophie... 16

   1.3 Langfristige Ziele... 17

   1.4 Mittelfristige Ziele... 18

   1.5 Kurzfristige Ziele... 19

2. Erfolgsrezept: Regelmäßige Bestandsaufnahme über die
   Leistungsfähigkeit des Unternehmens und Ableitung
   von Folgemaßnahmen... 21

   2.1 Bestandsaufnahme... 21

      2.1.1 Marktsituationsanalyse... 21

      2.1.2 Personalsituationsanalyse... 22

      2.1.3 Einkaufssituationsanalyse... 22

      2.1.4 Betriebswirtschaftliche Ergebnisanalyse... 23

      2.1.5 Liquiditätsanalyse... 23

      2.1.6 Sonstige besondere Bedingungen des Unternehmens... 24

2.2 Auswertung der Analysen und Ableitung von Konsequenzen........ 24

2.2.1 Marketing, Vertrieb, Verkauf... 24

2.2.2 Einkauf / Lagerwirtschaft... 26

2.2.3 Produktion.. 26

2.2.4 Betriebliches Rechnungswesen.. 27

2.2.5 Nutzung neuer Informationssysteme................................... 27

2.2.6 Vernetzung der Controllingprozesse mit
Entscheidungsprozessen.. 31

3. Erfolgsrezept: Aktive und passive Beobachtung und Bearbeitung der gegenwärtigen und strategischen Marketingentwicklung........................... 33

3.1 Grundlegende Bemerkungen.. 33

3.2 Durchführung von Eigensituationsanalysen....................... 34

3.3 Erarbeitung einer Marketingstrategie..................................35

    3.3.1 Aktualisierung und Neupositionierung der Marketingstrategie...... 36

4. Erfolgsrezept: Servicequalität – mehr bieten als die Konkurrenz.......... 47

4.1 Grundlegende Bemerkungen.. 47

4.2 Servicequalität aus der Sicht der Kunden......................... 48

4.3 Kundendienstservicequalität.. 49

    4.3.1 Qualität in der Reklamationsabwicklung............................. 50

4.4 Qualität der Kundenberatung.. 53

5. Erfolgsrezept: Kundenorientiertes Denken und Handeln ... 55

5.1 Grundlegende Bemerkungen ... 55

5.2 Analyse der Kundenorientierung ... 56

5.3 Erfolgsfaktoren zur Verbesserung der Qualität der Kundenorientierung ... 57

5.3.1 Erfolgsfaktor – Gelebte Unternehmensphilosophie und Unternehmenskultur ... 57

5.3.2 Erfolgsfaktor – Ein gut funktionierendes Beziehungsmanagement ... 58

5.3.3 Erfolgsfaktor – Kundenorientierten Beziehungsaufbau vom ersten Tag der Kontaktaufnahme mit dem Kunden anstreben ... 59

5.3.4 Erfolgsfaktor – Rhetorisches Können und psychologische Kenntnisse der Mitarbeiter des Unternehmens ... 60

5.3.4.1 Rhetorisches Können ... 60

5.3.4.2 Psychologische Kenntnisse ... 64

5.3.5 Erfolgsfaktor – Kundengewinnung professionell managen ... 67

5.3.5.1 Kundengewinnung, dargestellt am Beispiel eines Sechsstufenmodells ... 70

6. Erfolgsrezept: Motivierte und zufriedene Mitarbeiter halten das Unternehmen „fit" ... 77

6.1 Motivation ... 77

6.2 Arbeitszufriedenheit ... 80

6.3 Zusammenfassung von Einflussgrößen auf die Motivation und Arbeitszufriedenheit ... 85

6.4 Praxisbeispiel, wie die Leitung eines Unternehmens ihre Mitarbeiter motiviert und die Mitarbeiterzufriedenheit herbeiführt..88

7. Erfolgsrezept: Konsequente Umsetzung der Controllingmechanismen durch die Unternehmensleitung auf dem Gebiet der Finanzen und des Rechnungswesens.......................... 91

7.1 Grundlegende Bemerkungen... 91

7.2 Liquiditätskennzahlen... 92

7.3 Eigenkapitalquote... 95

7.4 Rentabilitätskennzahlen... 96

7.5 Cashflow... 97

    7.5.1 Umsatzrentabilität... 98

    7.5.2 Verschuldungsgrad.. 98

    7.5.3 Verschuldungsfaktor... 99

7.6 Den Finanzablauf des Unternehmens überwachen und kontrollieren... 99

7.7 Ein Überblick über wichtige Begriffe und Kennzahlen, die im täglichen Umgang mit Finanzen notwendig sind............................103

    7.7.1 Begriffe...103

    7.7.2 Kennzahlen...106

8. Erfolgsrezept: Sicherung und Überwachung der Liquidität des Unternehmens...109

8.1 Allgemeine Bemerkung zur Liquidität.....................................109

8.2 Kapital als Existenzgrundlage für das Unternehmen.....................109

8.2.1 Finanzierung des laufenden operativen Geschäftes...............109

8.2.2 Mittelherkunft..110

8.2.2.1 Eigenkapital..110

8.2.2.2 Fremdkapital...110

8.3 Sicherung der Liquidität über die Liquiditätsplanung............112

8.3.1 Grundsätzliche Überlegungen..112

8.3.2 Einflussfaktoren einer planmäßigen Liquiditätsplanung...............113

8.3.3 Aufbau und Inhalt der Liquiditätsplanung und Kontrolle.............116

9. Erfolgsrezept: Ausschöpfung aller rechtlichen und steuerlichen Rahmenbedingungen...................119

9.1 Allgemeine Bemerkung..119

9.2 Gesellschaftsrecht..119

9.2.1 Personengesellschaften...120

9.2.2 Kapitalgesellschaften..123

9.3 Marken und Patentrecht..127

9.4 Vertragsrecht...128

9.4.1 Innerbetriebliche Verträge mit Arbeitnehmern..........................128

9.4.2 Verträge des Unternehmers mit seinem Unternehmen................129

9.4.3 Verträge des Unternehmens im Wirtschaftskreislauf..................130

9.4.4 Sonstige Verträge..131

9.4.5 Die konsequente Durchsetzung von Verträgen.........................132

9.5 Steuerrecht...133

    9.5.1 Umsatzsteuer.. 134

    9.5.1.1 Vorsteuerabzug..137

    9.5.1.2 Steuern vom Ertrag (Gewinn)...138

    9.5.2 Einige steuerrechtliche Tipps für die Gestaltung von kleinen und mittleren Unternehmen...139

    9.5.2.1 Bilanzpolitik und Steuern.. 139

    9.5.3 Hinweise für die Auswahl eines Unternehmensberaters (seriöser Berater).. 143

Literaturverzeichnis..147

Stichwortverzeichnis..148

VORWORT

Die konjunkturelle und strukturelle Krise, sowie der Preis- und Kostendruck und nicht zuletzt die permanente Zunahme an Wettbewerbern, stellen die Unternehmen vor hohe Anforderungen. Wenn ein Unternehmen die neuen Herausforderungen nicht rechtzeitig erkennt und flexibel darauf reagiert, hat es heute kaum noch Chancen zum Überleben.
Untersuchungen haben ergeben, dass die Ursachen, warum so viele Unternehmen in finanzielle Schwierigkeiten geraten, nicht primär äußere Umstände sind, sondern vor allem hausgemachte Managementfehler. Gerade bei den kleinen und mittleren Unternehmen fehlt es dem Managementpersonal vielfach an betriebswirtschaftlichem Wissen und zum Teil auch an strategischem Denken und Handeln im Sinne der Früherkennung und der Bewältigung von Krisen.
Oft werden die Anfänge einer Krise nicht erkannt oder ignoriert. Das Unternehmen hofft dann auf eine bessere Auftragslage oder Erhöhung von Banklimiten etc., um die fehlende Finanzierung wieder auszugleichen. Wird auch diese Hoffnung nicht erfüllt, droht dem Unternehmen die endgültige Liquidation.

Fazit: Das Management hat nicht frühzeitig die ersten Symptome einer sich anbahnenden Unternehmenskrise erkannt und gegengesteuert.

Wie ein Unternehmen frühzeitig die ersten Symptome einer Krise erkennen und gegensteuern kann oder erst gar nicht eine Krise aufkommen lassen sollte, wird in diesem Buch an Hand von Erfolgsrezepten praxisbezogen dargestellt und mit vielen Beispielen untermauert.

Durch wirksame Erfolgsrezepte „fit" bleiben ist das eigentliche Anliegen des Autors.

Wenden Sie die Erfolgsrezepte in ihrer Komplexität in Ihrem Unternehmen an. Schöpfen Sie aus den Empfehlungen, Hinweisen und Lösungen neue Energie zum Handeln.
Dieses Buch hilft Ihnen, Krisen zu bewältigen und die langfristige Überlebensfähigkeit zu sichern. Es ist in erster Linie für Unternehmen geschrieben, eignet sich aber ebenso als Pocketbook für die Weiterbildung.

Ich wünsche Ihnen für die Umsetzung der Erfolgsrezepte viel Erfolg und bleiben Sie und Ihr Unternehmen weiterhin fit!

1. Erfolgsrezept: Permanente Überprüfung und Konkretisierung der Unternehmensziele

1.1 Grundlegende Bemerkungen

Es ist immer wieder frappierend zu sehen, wie wenig die Unternehmen die Ziele der täglichen Arbeit durch das Management bestimmen bzw. wie sie überhaupt definiert und ausgestaltet werden.

Die tägliche Bewältigung der Aufgaben führt immer wieder dazu, dass sich die handelnden Personen über die eigentliche Zielstellung nur unzureichend im klaren sind und diese über die alltäglichen Problemen und Schwierigkeiten verdrängen.

Die konkreten Unternehmensziele sollten jedoch der rote Faden sein, auf deren Grundlage die Prozesse der Unternehmensführung, Planung, Organisation und Umsetzung sich vollziehen. Sie sollten so formuliert werden, dass sie der Position des Unternehmens entsprechen, realistisch sind, variabel und konkret abrechenbar.

> Das grundlegendste Ziel, welches in jeder kurz-, mittel- und langfristigen Betrachtung stets die primäre Rolle spielen sollte, ist immer das Streben nach Gewinnmaximierung.

Diesem primären Ziel müssen sich sämtliche konkreten Zielstellungen, die sich auf die Ausgestaltung der Unternehmenstätigkeit beziehen, unterordnen.

Die Gewinnerzielungsabsicht kann sich dabei nicht nur auf die im operativen Geschäft zu realisierenden Gewinne beschränken, sondern sie sollte von vornherein den Gewinn bei Veräußerung des Unternehmens mit einschließen.
Zu der Gewinnmaximierung als primäres Ziel oder auch als Oberziel definiert, gehören die Erhöhung der Wirtschaftlichkeit als Zwischenziel und die Senkung des Aufwandes bzw. Erhöhung des Ertrages als Unterziel.

Grundsätzlich unterscheiden wir in der Zielstellung des Unternehmens drei Richtungen:
    1. Langfristige Richtung
    2. Mittelfristige Richtung
    3. Kurzfristige Richtung

1.2 Zusammenhang zwischen Unternehmensziele und Unternehmensphilosophie

Im Zusammenhang mit der Überprüfung und Korrektur der Unternehmensziele ist auch eine entsprechende Positionierung der Unternehmensphilosophie erforderlich. Diese sollte in Übereinstimmung mit den korrigierten Zielstellungen überprüft und angepasst werden, um den neuen Anforderungen des Marktes besser gerecht zu werden.

Dazu sollten vier Säulen der Unternehmensphilosophie eine Antwort geben.

1. Stimmt die einmal formulierte und fixierte Vision mit der gegenwärtigen Realität Ihres Unternehmens noch überein?

   Sicherlich werden Sie diese Frage mit „nein" beantworten. Aktualisieren Sie deshalb Ihre Vision und richten Sie das Augenmerk auf eine neue Strategie. Entwickeln Sie konkrete Vorstellungen, denn je klarer man eine Vision vor Augen hat, umso größer ist die Wahrscheinlichkeit, die Vision mit der Zielstellung in Übereinstimmung zu bringen.

   Merksatz: Aus der Vision erwachsen Ziele bzw. neue Ziele und geben der Strategie neue Impulse.

2. Stimmt die Strategie Ihres Unternehmens noch?

   Wenn die Strategie nicht mehr dem aktuellen Stand der Unternehmensphilosophie entspricht, dann aktualisieren Sie diese. Analysieren Sie die Stärken und Schwächen Ihres Unternehmens. Suchen Sie nach neuen Ansätzen und Möglichkeiten, wie Sie Ihre korrigierte Vision mit strategischen Maßnahmen verwirklichen und umsetzen wollen.

3. Ist das Leitbild des Unternehmens noch aktuell?

   Ein unangemessener Konnex zwischen der Vision und der Strategie des Unternehmens erfordert die Einbeziehung seines Leitbildes in die Neupositionierung der Unternehmensphilosophie. Mit der „Neupositionierung" sollte das bestehende Leitbild überprüft und auf die künftige Entwicklung des Unternehmens neu ausgerichtet werden.
   Dabei sollten folgende Fragestellungen im Mittelpunkt stehen:

- Ist Ihr Leitbild schriftlich fixiert und allen Mitarbeitern bekannt?
- Was muss verändert werden, um das Leitbild mit der Unternehmenskultur und dem Image des Unternehmens in Übereinstimmung zu bringen und praxiswirksam umzusetzen?

4. Ist das Image Ihres Unternehmens, welches von zwei nachfolgenden Zielrichtungen begleitet wird, noch glaubhaft und wirkungsvoll?
   1. Die ganzheitliche Präsentation des Unternehmens in der Öffentlichkeit (nach außen) und
   2. Die nach innen gerichtete Entwicklung eines Wir-Bewusstseins, also die Identifikation der Mitarbeiter mit dem Unternehmen (nach innen).

1.3 Langfristige Ziele

a) Zielstellung für die Erkämpfung und Behauptung einer konkreten definierten Position in der Unternehmensbranche

- Langfristige territoriale Abdeckung bzw. Präsenz
- Erzielung definierter Marktanteile für Produkte und Dienstleistungen
- Erreichen von Schlüsselpositionen
- Erweitern der Unternehmenstätigkeit auf weitere Branchen

b) Grobe Definition der am Markt anzubietenden zukünftigen Produkt- und Dienstleistungskategorien und sich daraus ergebender Maßnahmen sind:

- der Entwicklungsbedarf
- der Umfang der Patent- und Markteinführung
- der Kapazitätsbedarf.

c) In Umsetzung des Primärzieles Definition der Höhe des zu erzielenden Gewinns, bzw. des Veräußerungserlöses

Unter längerfristigen Zielen versteht man in der Regel Ergebnisse, die nach ca. 4 Jahren und länger erreicht werden sollen.

Langfristige Unternehmensziele leiten sich immer aus der genauen Kenntnis der Branche, des Marktes und der eigenen Leistungsfähigkeit ab. Hierfür ist es nicht erforderlich, dass das Unternehmen bereits die angestrebte Leistungsfähigkeit erreicht hat, vielmehr sind hier der unabdingbare Unternehmergeist, eigene Ansprüche an die Tätigkeit des Unternehmers, die Fähigkeit, umsetzbare Visionen zu entwickeln, erforderlich.

Kleinen und mittleren Unternehmen fehlt hier meist die Phantasie über die zukünftige Entwicklung ihres Unternehmens. Praktische Erfahrungen belegen jedoch, dass gerade die Definierung entsprechender langfristiger Ziele eine Stagnation auf niedrigem Niveau verhindern kann.
Auch in der gegenwärtigen Zeit, in der das Wirtschaftsleben durch multinationale Konzerne im wesentlichen bestimmt wird, entwickeln sich immer wieder Unternehmen von einer anfänglichen schwierigen Startphase zu erfolgreichen Unternehmen mit hoher Umsatz- und Gewinnerwirtschaftung.
Gerade Klein- und Mittelunternehmen sind sich vielfach ihrer Vorteile gegenüber Großunternehmen nicht bewusst, wie z.B. einfache Leitungshierarchie, schnellerer Informationsfluss, schnelle Entscheidungsfindung, rasche Marktpräsenz, flexiblere Arbeits- und Organisationsabläufe, engere Kundenbeziehung, schnelleres Reagieren auf Kundenwünsche, etc..

1.4 Mittelfristige Ziele

a)
- Erarbeitung von Konzeptionen zur weiteren Firmenentwicklung
- Vorbereitende Maßnahmen zur konkreten territorialen Entwicklung
- Konkrete Bestimmung der Produkte und Dienstleistungen, mit denen künftig am Markt gearbeitet werden soll
- Standortsuche für neue Produktionsstätten, Vertriebsniederlassungen und Servicestationen.

b)
- Konkrete Vorbereitung und Umsetzung von Produktentwicklungsphasen
- Planung der konkreten Überführung von Entwicklungen in die Produktion
- Bildung von Reserven und Entwicklung von Ausweichvarianten

c)
- Suche und Auswahl von strategischen Partnerschaften
- Planung von Ausgliederungen dafür geeigneter Bereiche
- Vorbereitung von Übernahmen von Mitbewerbern

d)
- Allgemeine Marketingplanung zur Ausprägung des Firmenimages
- Suche und Ausbildung mittelfristig erforderlichen Personalbedarfs

e)
- Festlegung des Umfangs von mittelfristigen Investitionen
- Planung des Finanzierungsvolumens und dessen Amortisation
- Ermittlung des zu erwartenden Gewinns und Planung seiner Verwendung

Mittelfristige Ziele sind in der Regel in einem Zeitraum von ein bis drei Jahren durch das Unternehmen erreichbar.

Da viele Anstrengungen der Unternehmenstätigkeit meist erst nach 2 bis 3 Jahren zum Erfolg führen, muss der mittelfristigen Zielstellung naturgemäß besonderes Augenmerk geschenkt werden. Erfahrungsgemäß ist die mittelfristige Zielstellung des Unternehmens nur unzureichend definiert, daher werden die erforderlichen Maßnahmen und Entscheidungen in der Regel zu spät und ohne ausreichende Vorbebereitung getroffen.

Kleine und mittlere Unternehmen scheuen sich zu oft, mit Hinweis auf die täglichen Aufgaben und Probleme, sich mittelfristigen Zielstellungen ernsthaft zu stellen.

Der erfahrene Unternehmensberater muss daher darum ringen, dass die Unternehmer zunächst ihre aktuellen Probleme für einen kurzen Zeitraum zurückstellen, um sich über ihre mittelfristigen Ziele im Klaren zu werden.
Erst danach sollte sich die Beratung den aktuellen Problemen zuwenden.
Die Einsicht hierfür zu schaffen, bedarf großer Kraftanstrengungen.

1.5 Kurzfristige Ziele

a)
- Festlegung der Jahreskennzahlen, insbesondere Umsatz und Gewinn und
- Untersetzung auf zu erreichende Quartalsergebnisse

b)
- Laufende Sicherung der Voraussetzungen für Produktion und Absatz
- Planung und Vorgaben von Einkauf, Verkauf, Personal und Mitteleinsatz
- Vorbereitung konkreter Geschäftsabschlüsse und deren Abwicklung

c)
- Sofortiges reagieren auf aktuelle Erfordernisse des Marktes mittels Anpassung des Produkt- und Dienstleistungsspektrums

d)
- Sicherung der kurzfristig erforderlichen Liquidität

Kurzfristige Ziele sind in der Regel für einen Zeitraum bis zu einem Jahr zu definieren.
Sie bestimmen maßgeblich das operative Tagesgeschäft. Nur über die Definition kurzfristiger Ziele und deren Erreichung lässt sich der Erfolg des aktuellen operativen Geschäfts objektiv bewerten.
Klare kurzfristige Zielvorgaben sind die Voraussetzung für:

- Operative Planung von Einkauf, Verkauf und Gewinn
- Motivations- und Bewertungsgrundlage der erreichten Ergebnisse
- Verhinderung unüberlegter spontaner Entscheidungen mit riskanten Auswirkungen auf das operative Geschäft

In der Praxis ist immer wieder zu beobachten, dass bei nicht Vorhandensein konkreter kurzfristiger Ziele über unüberlegte Feeling oder so genannte „Bauchentscheidungen" das Unternehmen in eine existenziell gefährliche Situation manövriert wird.
Derartige Entscheidungen werden nicht selten völlig losgelöst von der aktuellen Leistungsfähigkeit des Unternehmens getroffen und vom Management mit den Worten „Das haben wir bisher immer irgendwie geschafft" begleitet.

Fazit: Eine kontinuierliche erfolgreiche Entwicklung eines Unternehmens bedarf der konkreten Definition kurz-, mittel- und langfristiger Ziele. Dabei wird es nicht ausbleiben, die Zielvorgaben anhand der tatsächlichen Gegebenheiten bei Beachtung des Feedbacks immer wieder zu konkretisieren.

Ihr Vorhandensein ist jedoch unverzichtbar für:

- die Leitung,
- die Planung,
- die Organisation,
- die Personalführung,
- die Mitarbeitermotivation,
- die objektive Ergebnisbewertung,

eines jeden Unternehmens.

Unternehmer, die sich meist nach beharrlichen Zögern dazu entschlossen haben, auf der Basis klarer Zielvorgaben ihre unternehmerische Tätigkeit zu gestalten und zu organisieren, können in der Regel überdurchschnittliche Gewinne erzielen und werden vor tiefgreifenden Unternehmenskrisen verschont.
Denken Sie als Unternehmer stets positiv und entwickeln Sie einen Vorwärtsdrang, um die fixierte Zielstellung zu erreichen. Suchen Sie nach neuen Wegen und Möglichkeiten, wenn notwendig, korrigieren Sie Ihre ursprünglich formulierte Hauptzielstellung über Etappenziele, um Zwischenerfolge zu erkennen und diese als Gesamterfolg des Unternehmens zu verbuchen.

2. Erfolgsrezept: Regelmäßige Bestandsaufnahme über die Leistungsfähigkeit des Unternehmens und Ableitung von Folgemaßnahmen

2.1 Bestandsaufnahme

Für den externen Berater ist es eine unumgängliche Aufgabe, den Ist-Zustand des Unternehmens zu untersuchen, bevor durch ihn Änderungsvorschläge und Lösungsansätze entwickelt werden können. Qualifizierte Beratung und progressive Veränderung im Unternehmen setzen jeweils eine umfangreiche und aussagekräftige Analyse des Unternehmens voraus.

Zumindest intuitiv, aus den Erfahrungen, entscheidet auch jeder Unternehmer auf der Grundlage einer Analyse den Ist-Zustand seines Unternehmens. Der Umfang und die Qualität der jeweiligen internen Analyse des Unternehmens unterliegen dabei erheblichen Schwankungen (Betriebsblindheit), die bei der Untersuchung unbedingt berücksichtigt werden müssen.

2.1.1 Marktsituationsanalyse

Hier müssen alle Informationen über die eigenen Umsätze und Umsatzerwartungen, die Markt-Präsenz und den Wettbewerb zusammengetragen werden.
Dabei ist der erreichte Stand dahingehend kritisch zu bewerten, inwieweit bereits bestehende Möglichkeiten ausgeschöpft wurden, bzw. aus welchen Gründen diese nicht ausgeschöpft worden sind.

In die Bewertung des Ist – Zustandes des Unternehmens sollten folgende Schwerpunktfragen aufgenommen werden:
- Welches Umsatzniveau wurde erreicht?
- Besteht eine stabile Umsatzentwicklung?
- Welche Aussagen können aufgrund des Auftragseinganges über künftige Umsätze getroffen werden?
- Wie hat sich das Unternehmen im Bezug auf den Wettbewerb entwickelt?
- Sind außergewöhnliche Umsatzschwankungen zu erwarten?
- Welche Umsatzfördernde Maßnahmen werden durch das Unternehmen vorbereitet bzw. zur Zeit durchgeführt?
- Welche Ergebnisse lieferten frühere Umsatzfördernde Maßnahmen?
- Welche Vertragsverhandlungen laufen zur Zeit?
- Welche Informationen sind über allgemeine Trends und Tendenzen vorhanden?
- Wie stellt sich die Kundenstruktur insgesamt dar; wie hoch ist der Grad der Stammkunden; liegen Erkenntnisse über deren Einkaufsverhalten gegenwärtig und in der Zukunft vor?
- Wie hoch ist der Anteil an Reklamationen; wie wird dabei verfahren; welchen Aufwand nimmt die Kundenpflege in Anspruch; ist sie ausreichend?
- Welche Informationen liegen über den Wettbewerb vor?

2.1.2 Personalsituationsanalyse

Neben der aktuellen Leistungsfähigkeit und den Auslastungsgrad des Personals sind die bereits geplanten bzw. absehbaren Veränderungen darzustellen und zwar:

- Wie sind planmäßige Stellen besetzt, und zwar nach Anzahl und Qualifikation?
- Wie ist die Gehaltsstruktur im Vergleich zum Tarif und Wettbewerb?
- Welche Fluktuationstendenzen sind erkennbar?
- Welche Personalstrukturen befinden sich im Aufbau bzw. in der Vorbereitung?
- Wie ist der Auslastungsgrad der Personalressourcen?
- Welche Aussagen können →
  zum Krankenstand
  zur Altersstruktur
  zur Qualifizierung
  zur Effizienz
  getroffen werden?

2.1.3 Einkaufssituationsanalyse

Wareneinkauf und Fremdleistungsbedarf bestimmen maßgeblich die Leistungsfähigkeit des eigenen Unternehmens nicht nur hinsichtlich Menge und Flexibilität der eigenen Produktion, sondern auch hinsichtlich der Kostenstruktur. Oftmals sind die bestehenden Beziehungen über einen längeren Zeitraum historisch entstanden und nie ernsthaft einem Fremdvergleich unterworfen worden.

Hier spielen folgende inhaltliche Fragestellungen eine Rolle:

- Wie ist die Lieferantenstruktur des Unternehmens?
- Sind die Lieferanten hinsichtlich Qualität, Quantität und Preisniveau leistungsfähig?
- Wann wurde letztmalig Markt-Recherche zu Einkaufsmöglichkeiten durchgeführt, mit welchem Ergebnis?
- Wann wurde letztmalig z.B. auf einer Messe über Entwicklungen informiert und mit welchem Ergebnis?
- Welche Lieferengpässe sind absehbar bzw. sind in der Vergangenheit eingetreten?
- Welche neuen Lieferantenbeziehungen können aufgebaut werden?
- Von welchen Lieferanten bezieht der Mitbewerber, warum?
- Welche Lieferzeiten und Zahlungsmodalitäten wurden verhandelt?
- Wann wurde zuletzt darüber verhandelt?
- Wie haben sich Lieferanten in Krisensituationen verhalten?
- Welche neuen Lieferantenbeziehungen sind im Entstehen?

2.1.4 Betriebswirtschaftliche Ergebnisanalyse

Wie bereits dargelegt, ist letztendlich die Erzielung eines ausreichenden Gewinns primäre Aufgabe eines jeden Unternehmens. Über die betriebswirtschaftlichen Auswertungen wird dieser Sachverhalt u.a. sichtbar und kann insbesondere auf deren Grundlage bewertet werden.
Erfahrene Berater und Kaufleute sind, unter Einbeziehung weiterer Kennzahlen, in der Lage, diese Ergebnisse dahingehend zu bewerten, dass ein objektives Bild entstehen kann.
Jeder Kaufmann, der sich bereits mit den Feinheiten einer Bilanzanalyse beschäftigt hat, weiß, welche Möglichkeiten der Darstellung und Fehlbewertungen gegeben sind. Wenn das Unternehmen seinem Steuerberater entsprechende ergänzende Informationen zur Verfügung stellt, kann ein relativ objektives Bild auf der Grundlage der betriebswirtschaftlichen Auswertungen und Bilanzen für den internen Gebrauch erarbeitet werden.

Schwerpunktfragen dazu sind folgende:

- Wie und wo erfolgt die Ermittlung der betriebswirtschaftlichen Ergebnisse?
- Hat der Betrieb ein eigenes Rechnungswesen?
- Wann und in welcher Form werden die Ergebnisse ausgewertet?
- Lassen die Kennzahlen Schlussfolgerungen auf Teilbereiche des Unternehmens zu oder stellen sie nur den Gesamtumfang der Ergebnisse dar?
- Stellen die Ergebnisse aus bestimmten innerbetrieblichen Gründen den Ist-Zustand nur verzerrt dar?
- Auf welchen Grundlagen erfolgen Inventuren und Bewertungen, nach welcher Zeitspanne werden Ergebnisse realisiert; bestehen hohe Warenbestände bzw. abgearbeitete Leistungen; zu welchen Konditionen können diese am Markt noch realisiert werden?
- Welche Reserven wurden gebildet?
- Welche Investitionen sind geplant bzw. unumgänglich?
- Wird im Unternehmen bewusst (im Rahmen der gesetzlichen Möglichkeiten) schlecht oder gut gerechnet?
- Welche Informationen liefern die einzelnen Bereiche dem betrieblichen Rechnungswesen?

2.1.5 Liquiditätsanalyse

Fast jeder Kaufmann oder Geschäftsführer kennt die Misere, Aufträge sind vorhanden, das betriebswirtschaftliche Ergebnis ist zufriedenstellend, aber die Handlungsfähigkeit des Unternehmens ist aufgrund mangelnder Liquidität eingeschränkt.
Die Ursachen liegen meist in den schleppend eingehenden Forderungsrealisierungen und in den in der Vergangenheit vorgenommenen Investitionen, die nicht ausreichend

durch freies Eigenkapital bzw. Fremdkapital finanziert wurden, sondern aus operativ erwirtschaftetem Vermögen entnommen worden sind.
Mit der Ermittlung des Ist-Zustandes kann bei einer Bestandsaufnahme nicht stehen geblieben werden, zumindest der aktuell zu erwartende weitere Verlauf gehört hierbei in die Bestandsaufnahme.

Dazu sollten folgende Fragestellungen beantwortet werden:

- Kann das laufende operative Geschäft auf der Basis einer ausreichenden Liquidität abgewickelt werden?
- Welche Einschränkungen liegen vor?
- Welche Möglichkeiten bestehen, die Situation zu verbessern?
- Welche Befürchtungen und Erkenntnisse bestehen hinsichtlich einer Verschlechterung?
- Welche Krisenszenarien wurden bereits erörtert?
- Bestehen Reserven, die kurzfristig die Liquidität des Unternehmens verbessern können?
- Welche Fremdfinanzierungen bestehen, wie sind diese zu tilgen?
- Bestehen Verhandlungen über weitere bzw. Anschlussfinanzierungen?
- Kann der Bereich der Lieferantenkredite ausgeweitet werden?
- Bestehen Möglichkeiten, Umsätze schneller zu realisieren?
- Besteht die Möglichkeit, Anzahlungen auf Forderungen zu realisieren?

2.1.6 Sonstige besondere Bedingungen des Unternehmens

Hier kommen eine Reihe von Besonderheiten in Frage, die nicht annähernd vollständig erörtert werden können.

- Besonderheiten in der Eigentümerstruktur
- Juristische und personelle Besonderheiten des Managements
- Laufende, bereits beschlossene und nicht korrigierbare Entscheidungen
- und Veränderungen

2.2 Auswertung der Analysen und Ableitung von Konsequenzen

2.2.1 Marketing, Vertrieb, Verkauf

Durch die in diesen Bereichen wirkenden Strukturen wird in der Regel, schon aus Gründen der Provisionsabrechnung, eine umfangreiche Informationssammlung betrieben.
Nicht selten bestehen aussagefähige Kundenakten, die auch über das bereits in Arbeit befindliche Geschäft Aussagen vermitteln.

Mit Vorsicht sind jedoch insbesondere Aussagen über die geplanten künftigen Umsätze zu betrachten. Insbesondere Vertriebsmitarbeiter stehen unter einen hohen Druck, sich hinsichtlich des geplanten Geschäftes festzulegen. Dabei kommt es zum einen dazu, dass Verkaufserwartungen unkritisch erheblich zu hoch eingeschätzt werden. Meist liegt die Ursache nur darin, dass der Vertriebsmitarbeiter dabei der Kritik entgehen will, sich zu geringe Ziele zu setzen. Erfahrene Vertriebsmitarbeiter geben dagegen ihre Verkaufserwartungen in der Regel geringer an, da sie bereits zum gegenwärtigen Zeitpunkt aufgrund ihrer Erfahrung einschätzen können, dass sie die geplanten Ergebnisse mit hoher Wahrscheinlichkeit übertreffen werden und dafür u. U. eine Sondergratifikation erhalten können. Sie stehen aufgrund ihrer bisherigen Leistungen auch nicht unter einem erheblichen Erklärungsdruck, wie das bei neuen und jüngeren Vertriebsmitarbeitern der Fall ist.

Für das Management kommt es darauf an, auf der Basis der vom Vertrieb erarbeiteten Kennzahlen einen Korridor der Wahrscheinlichkeit zu definieren. Dieser Korridor bildet im weiteren die Grundlage nachfolgender Betrachtungen und Berechnungen.
Unbedingt sollten die erwarteten Umsatzergebnisse auf Perioden aufgeteilt werden. Der spätere Soll - Ist - Vergleich ermöglicht so schneller, Abweichungen zu den Planzahlen zu erkennen und entsprechende Maßnahmen für das gesamte Unternehmen zu ergreifen.

In den meisten Unternehmensstrukturen ist die Beobachtung des Wettbewerbs in die Vertriebsstruktur integriert. Die Vertriebsmitarbeiter kennen in der Regel die Vertreter des Wettbewerbs und informieren sich regelmäßig über die Entwicklungen am Markt. Das Management nutzt in der Regel Vertriebstagungen dazu, die Informationen zum Wettbewerb bei seinen Vertriebsmitarbeitern abzurufen. Vorsicht ist bei der Bewertung der Informationen geboten, da nicht selten durch die Vertriebsmitarbeiter die Leistungsfähigkeit des Wettbewerbs übertrieben wird, um diese als Argument für eigene unzureichende Verkaufsergebnisse zu begründen.

Da die Vertriebs- und Verkaufsstrukturen oftmals über weitreichende Freiheiten im Unternehmen verfügen und nicht selten ein relatives Eigenleben haben, kommt es auf das Geschick des Managements an, durch Vorgabe entsprechender Berichtsstandards verwertbare Aussagen zu gewinnen. Langatmige Berichte sind in der Regel unbrauchbar, die Berichterstattung sollte sich im Wesentlichen auf die Abfrage von Kennzahlen beschränken.

Diese Aussagen können naturgemäß auch auf externe Verkaufs- und Vertriebsstrukturen übertragen werden.

2.2.2 Einkauf / Lagerwirtschaft

Dieser Bereich ist in der Regel in der überwiegenden Anzahl der Unternehmen in einem überschaubaren Zustand. Sowohl die mengenmäßige, als auch die kostenmäßige Aussage über realisierte bzw. laufende Bestellungen bereitet meist keine Mühe.
Teilweise bestehen regelmäßige Bezugszeiträume und Liefermengen.

Größere Probleme bestehen in solchen Unternehmen, bei denen die einzelnen Bereiche ihren Bedarf nicht über einen zentralen Einkauf, sondern autonom abwickeln. In diesem Falle sollten Etatbeschränkungen vorliegen, die meistens ausreichen, die Ausschöpfung des laufenden Etats abzufragen.

Im Bereich der Lagerwirtschaft trifft man auf ein höchst uneinheitliches Bild in den Unternehmen. Teilweise ist die Lagerwirtschaft voll automatisiert und rechnergestützt. Nicht selten besteht das jeweilige Lager jedoch aus einer unübersehbaren Anzahl von Verpackungseinheiten, über deren Inhalt und Verwendbarkeit keine sofortige Aussage getroffen werden kann. Dieser Zustand wird durch das Vorhandensein verschiedener Lagerstandorte und der teilweisen Lagerung von Material und Betriebsstoffen, u. a. auf Baustellen u. ä. noch weiter erschwert.
Exakte Aussagen lassen sich in derartigen Unternehmen teilweise selbst in Nähe des Inventurstichtages kaum treffen. Rechtswidrigerweise wird selbst die Durchführung einer ordnungsgemäßen Jahresinventur unterlassen bzw. nur unzureichend durchgeführt.
Ein solcher Zustand kann nur durch eine exakte Anwendung von Lagerkennzahlen und durch ein gut funktionierendes Informationsmanagement behoben werden.

2.2.3 Produktion

Aus diesem Bereich besteht wieder die Möglichkeit, relativ kurzfristig exakte Informationen abzurufen. Bei einer Stück- bzw. Mengenfertigung werden in der Regel tägliche Zahlen sichtbar. Problematischer ist hingegen die Erfassung von Informationen bei Fertigungen, die über einen längeren Zeitraum realisiert werden. Die Einschätzung angearbeiteter Leistungen bereitet dabei die größten Schwierigkeiten. Aussagen, z. B. die Baustelle ist zu 80 % realisiert, sind in der Regel unbrauchbar für die Ermittlung des Ist-Zustandes eines Unternehmens. Hier hat sich bewährt, nicht den Realisierungsstand, sondern die noch notwendigen Aufwendungen für die tatsächliche Realisierung des Vorhabens abzufragen.
Diese Vorgehensweise erzielt deutlich genauere Ergebnisse hinsichtlich der erforderlichen Informationen.

2.2.4 Betriebliches Rechnungswesen

In kaum einem Bereich kann man auf die unterschiedlichsten Zustände in einem Unternehmen treffen wie in diesem. Beginnend, ob das Unternehmen über ein eigenes Rechnungswesen verfügt bzw. dieses ausgegliedert hat, ist zunächst zu unterscheiden. Ausgegliederte Rechnungswesen sind in der Regel nur in der Lage, den vor ca. vier Wochen erreichten Zustand des Unternehmens darzustellen. Bei einem innerbetrieblichen Rechnungswesen besteht zum Teil die Möglichkeit, taggenau Ergebnisse abzufragen. Das betrifft insbesondere den Stand von Forderungen und Verbindlichkeiten.

Für die Qualität der erzielbaren Aussagen eines betrieblichen Rechnungswesen kommt es insbesondere darauf an, welche Vorgaben diesem Bereich hinsichtlich verwertbarer Informationen gestellt worden sind. Nicht selten wird von den Möglichkeiten einer Kostenrechnung durch die Unternehmen nicht Gebrauch gemacht. Weiterhin muss man die Tatsache akzeptieren, dass auch erfahrene Buchhalter nur die Geschäftsvorfälle erfassen können, die in Form von Belegen das Rechnungswesen erreichen. Mangelnde Aussagefähigkeit ist daher in der Regel nicht diesem Bereich anzulasten, sondern resultiert fast ausschließlich in der mangelhaften Gesamtorganisation des Unternehmens.
Dieser Bereich steht auch aus unterschiedlicher Sicht unter Druck, den tatsächlichen Zustand des Unternehmens verzerrt darzustellen. Selbst wenn dies nicht das Gesamtergebnis betrifft, sondern lediglich Zuordnungsprobleme berührt, wird dabei die Erzielung brauchbarer Informationen eingeschränkt bzw. verhindert.
Mangels Information vom Kostenverursacher werden nicht selten völlig falsche Zuordnungen von den zuständigen Buchhaltern getroffen, die häufig selbst über Jahre nicht durch das Management bemerkt werden.
Deshalb sollte das betriebliche Rechnungswesen Hauptanliegen des Leitungsmanagements sein. Die Controllinginstrumente sollten dabei konsequent genutzt werden, mit dem Ziel, die finanziellen Vorgänge im Unternehmen permanent zu überwachen und zu steuern.

2.2.5 Nutzung neuer Informationssysteme

Das Ziel der Einführung neuer Informationssysteme und Qualifizierung bestehender Informationssysteme besteht vorrangig in der Gestaltung eines einheitlichen Informationsprozesses, der das Management in die Lage versetzt, notwendige aktuelle und strategische Entscheidungen in Kenntnis und auf der Grundlage tatsächlicher Gegebenheiten zu treffen.
In Anbetracht der zur Verfügung stehenden Zeit und des beschränkt zur Verfügung stehenden Aufwandes müssen diese Informationen in einer überschaubaren Form und bereits aufbereitet zur Verfügung gestellt werden.

Endlose Listen und Berichte sind für Entscheidungsträger in der Regel völlig ungeeignet, ja dadurch wird in der Praxis defacto verhindert, dass sich das Management überhaupt informieren kann.

Zunächst sind daher für sämtliche Bereiche Kennzahlen und Parameter zu definieren, auf deren Grundlage die Bereiche ihre Informationen aufzubereiten haben. Erläuterungen und Berichte sind dann nur noch dort erforderlich, wo die bisher festgelegten Parameter nicht ausreichen und daher Informationen interpretiert werden müssen.

Weiterhin sollte den Bereichen mitgeteilt werden, in welchen Fällen eine Sofortinformation (nach dem Ausnahmenprinzip") an das Management erfolgen muss.

Folgende Informationskennzahlen könnten helfen, aus der Bestandsaufnahme Folgemaßnahmen festzulegen und umzusetzen, mit dem Ziel, die Leistungsfähigkeit des Unternehmens permanent zu überwachen und regelmäßig zu kontrollieren:

Umsatzkennzahlen

Verkaufsergebnis der Periode (Erzeugnisabhängig in Tag, Woche, Monat, Dekade), Unterteilung in:
   - Umsatz zum Zielpreis
   - Verkauf unter Preis
   - Verkauf über Preis

Darstellung Ist- zum Ziel-Umsatz der Berichtsperiode

Angearbeiteter bzw. vorbereiteter Umsatz
   - Wahrscheinlichkeit des Umsatzes
   - Realisierung in welchem Zeitraum
   - Realisierung in welchem Preisniveau

Bedingungen für die Vertragsrealisierung
   - Aufwand
   - Realisierung geplanter Produktentwicklungen bzw. Weiterentwicklungen
   - Kompensationsgeschäfte

Sofortinformation
   Erkannte, eindeutig nicht mehr kompensierbare Abweichungen von der Zielvorgabe
   - Außergewöhnliche Bedingungen, die zwingend für den Abschluss interessanter Geschäfte erreicht werden müssen

- Informationen über bevorstehende personelle Veränderungen im Verkaufsstamm

Kenngrößen zur Marktbeobachtung und zum Wettbewerb

- Informationen über Verkaufsergebnisse des Wettbewerbes
- Informationen über Probleme des Wettbewerbes
- Ursachen des Unterliegens bei Verkaufsverhandlungen unter dem Wettbewerb
- Informationen über die Einführung neuer Produkte und Dienstleistungen durch den Wettbewerb
- Veränderte Marktbearbeitung durch den Wettbewerb
- Informationen über unzufriedene Vertriebsmitarbeiter des Wettbewerbes
- Welche Produkt- und Dienstleistungseigenschaften werden durch das Unternehmen nicht zur Verfügung gestellt, obwohl der Markt danach verlangt?

Kenngrößen für Einkauf und Lagerwirtschaft

Kenngrößen für den Einkauf

- Realisierungsstand der planmäßig einzukaufenden Waren und Dienstleistungen, Preise und Qualitätsabweichungen zu den Vorgaben
- Welche planmäßigen Einkäufe werden in den nächsten Perioden zu welchen Preisen realisiert werden?
- Erkannte und vorhersehbare Abweichungen künftiger Waren und Dienstleistungen, verfügbare Mengen, Preise und Qualitäten
- Erkennbare Veränderungen bei Lieferanten, mit denen stabile Lieferbeziehungen bestehen
- Welche neuen Lieferanten sind an das Unternehmen herangetreten bzw. am Markt aktiv?

Kenngrößen für die Lagerwirtschaft

- Wie hoch ist der Lagerbestand, bezogen auf Kategorien?
- In welchem zeitlichen Rahmen wird er umgeschlagen?
- Zu welchen Waren und Stoffen bestehen Unterdeckungen?
- Welche Waren und Stoffe sind überaltert und auszusondern?
- Ist dem Bereich der künftige Lageraufwand bekannt, wie ist diese Veränderung abgesichert?
- Ist den Verbrauchsbereichen der Lagerbestand bekannt und in welchen Bereichen sollte er weiter reduziert werden (möglichst auf Mindestbestand oder auf Null reduzieren)?
- Fragt der Bereich Einkauf vor Bestellung den Lagerbestand ab bzw. informiert über den aktuellen Bedarf?

- Welche Vorschläge gibt es zur Verringerung des Lagerbestandes, ohne die Produktion zu gefährden?
- Zu welchen Kosten erfolgt die Lagerung?

Kenngrößen zur Produktion

Kenngrößen für die Entwicklung und Einführung neuer Produkte und Dienstleistungen

- Wie ist der Stand der jeweiligen Maßnahmen?
- Welcher zeitliche Rahmen kann eingehalten werden?
- Welche Mittel müssen für die Entwicklung, Produkteinführung noch aufgewendet werden?

Kenngrößen für die laufende Produktion

- Welche Ergebnisse wurden in welcher Zeit mit welchem Aufwand erreicht?
- Wie hoch ist die Auslastung der Produktion?
- Welche Veränderungen sind in der Folge bereits jetzt erkennbar?
- Welche Produktionsausfälle sind vorhersehbar?
- Wie entwickelt sich die Kostenstruktur der Produktion?

Kenngrößen für die angearbeitete Produktion oder Halbfertigprodukte

- Wie hoch sind die entsprechenden Bestände?
- Mit welchem Aufwand können sie zu absetzbaren Produkten weiter bearbeitet werden?
- Welcher Preis ist dann erzielbar?

Kenngrößen zum betrieblichen Rechnungswesen

- Die Darstellung der Ergebnisse ist mit welchem Zeitfaktor nacheilend?
- Entsprechen die wesentlichen Parameter den Vorgaben?
- Welche Hinweise über Abweichungen lassen sich aus der Kostenrechnung ablesen?
- Welche Ergebnisse sind aufgrund spezieller Anforderungen (vorgegebene Darstellung) weiter zu interpretieren?
- Entspricht die Gliederung und Aufteilung der Kontenklassen und Kostenkategorien den vorgegebenen Anforderungen an die Berichterstattung?
- Wie entwickeln sich die Forderungen und Verbindlichkeiten (OP)?
- Wie entwickelt sich die Liquidität?
- Welche Ergebnisse sind im Mahnwesen erzielt worden?
- Welche Probleme müssen an den Rechtsbereich übergeben werden und warum?

2.2.6 Vernetzung der Controllingprozesse mit Entscheidungsprozessen

Jeder Entscheidungsprozeß sollte immer auf der Grundlage der aktuellen Informationen des Unternehmens getroffen werden. Nicht selten werden Fehlentscheidungen getroffen, weil sich der Entscheidungsträger nicht über die aktuelle Situation informiert hat bzw. nicht informieren konnte. Die Dynamik von Entscheidungsprozessen erlaubt es aber nicht immer, erst mit sämtlichen Bereichen des Unternehmens Abstimmungen durchzuführen, sondern es müssen kurzfristig Entscheidungen getroffen werden.

Allein schon aus dieser Tatsache ist die Funktionalität eines betrieblichen Informationssystems begründet.
Die in Punkt 2.5 beschriebenen Informationskategorien müssen daher von Entscheidungsträgern kurzfristig abrufbar sein.
In einem gut gemanagten Unternehmen liegen daher die entsprechenden Informationen in komprimierter, meist in Tabellenform, dem Management vor.

Mit relativ geringem Aufwand sollte daher die Assistenz der Geschäftsleitung die eingehenden Informationen in gleichbleibender Form und Bewertung, z. B. in tabellarischer Form, täglich der Geschäftsleitung vorlegen. Naturgemäß aktualisieren sich dabei eine Reihe von Kriterien nur monatsweise.
Damit ist die Geschäftsleitung in der Lage, Unklarheiten im täglichen Prozess abzuklären bzw. Kontrollmaßnahmen durchzuführen.
Der interne Beratungsaufwand kann so auf ein Minimum beschränkt werden.
Berichterstattungen betreffen daher nicht mehr die erreichten Ergebnisse, sondern sofort deren Weiterentwicklung, die Ergebnisse sind ja jederzeit abrufbar.
In der Praxis muss so eine Tabelle nicht größer als eine DIN A4-Seite sein.

Fazit: Das Management muss es sich zur Aufgabe machen, vor der entsprechenden Entscheidungsfindung, die jeweils verfügbaren Informationen zur Kenntnis und als Grundlage seiner Entscheidung zu nehmen.

3. Erfolgsrezept: Aktive und passive Beobachtung und Bearbeitung der gegenwärtigen und strategischen Marketingentwicklung

3.1 Grundlegende Bemerkungen

Marketing ist der Ausdruck eines marktorientierten, unternehmerischen Denkens und Handelns mit dem Ziel, Produkte oder Dienstleistungen zu verkaufen. Marketing hat somit die Aufgabe, bestehende Absatzmärkte optimal zu nutzen und auszuschöpfen, neue Absatzmärkte zu erschließen sowie alle Aktivitäten auf die Bedürfnisse, Wünsche und Probleme der Käufer, sprich Kunden, zu richten.

Marketing heißt auch, die Situation auf den Absatz-, Beschaffungs-, Arbeits- und Finanzmärkten genau zu analysieren, um damit die eigene Positionierung und Strategie festzulegen. Es sollte dabei analysiert werden, wie die eigene Marktposition aussieht und welche Möglichkeiten sich erschließen, dem Kunden besser als bisher mit dem Produkt- oder dem Dienstleistungsangebot gerecht zu werden.

Gerecht zu werden bedeutet auch, alle Unternehmensprozesse darauf auszurichten, dass die Kundenbedürfnisse und Kundenwünsche optimal erfüllt werden und dass die Vorteile gegenüber den Mitbewerbern sich deutlich abheben.

Warum ist Marketing für das Unternehmen so wichtig?

Hierzu einige Merksätze:

- Marketing muss dazu dienen, den konkreten Nutzen des Produktes oder der Dienstleistung zu verdeutlichen
- Marketing ist in erster Linie auf Kundenorientierung, Kundenanforderungen, Kundennutzen und Kundenbindung zu richten
- Marketing sollte als Quelle für den Auf- und Ausbau guter Kundenbeziehungen genutzt werden
- Marketinganalysen sind die Voraussetzung für die Schaffung neuer Absatzchancen
- Marketing muss ständig den neuen Bedingungen und Anforderungen angepasst werden

Marketing muss bereits mit einer Denkhaltung beginnen, die alle Mitarbeiter und Bereiche des Unternehmens durchdringt.
Viele Unternehmen haben damit Probleme, diese Denkhaltung als Primat des Marketings zu betrachten, insbesondere dann, wenn man sich konsequent auf die neuen oder veränderten Kundenwünsche, Bedürfnisse oder Probleme einstellen muss. Zur Umsetzung einer erfolgreichen Marketingstrategie wird ein Unternehmen nicht vorbeikommen, eine Marketingkonzeption zu erarbeiten. Hier sollten klare Vorstellungen enthalten sein, wie das Unternehmen seine Kräfte und Mittel effektiv auf besonders wichtige Marketingschwerpunkte konzentrieren will.

Für eine erfolgreiche Marketingstrategie sind 2 Faktoren von Bedeutung.
1. Durchführung einer Eigensituationsanalyse
2. Erarbeitung einer Marketingstrategie

3.2 Durchführung von Eigensituationsanalysen

Eigensituationsanalysen sind dazu da, Stärken und Schwächen des Unternehmens zu untersuchen und auf neue Marktanforderungen zu reagieren. Oft sind es Schwachstellen, die das Unternehmen veranlassen, eine solche Analyse durchzuführen.
Schwachstellen sind meistens mit Problemen verbunden, und Probleme stellen wiederum Chancen dar.
Diese Chancen sind nur nutzbar zu machen, wenn die Probleme oder Mängel rechtzeitig erkannt und gelöst werden.
Ein altes Sprichwort sagt: „Vorbeugen ist besser als heilen", es trifft nicht nur für die Gesunderhaltung des Menschen zu, sondern auch für die Gesunderhaltung des Unternehmens.
Bei der Lösung von Problemen sollte man sich nicht auf ein Einzelproblem konzentrieren oder auf das Problem, welches derzeit auftritt, sondern grundsätzlich auf das nächst höhere oder das Grundproblem des Unternehmens. Diese sind dann gründlich unter die Lupe zu nehmen. Denn nur durch die Lösung des Grundproblems lösen sich die anderen Teilprobleme meistens von selbst.
In den meisten Fällen liegt das Grundproblem in der falschen Unternehmensstrategie bzw. Marketingstrategie. Stimmt diese Strategie oder wird diese stimmig gemacht, dann ist der Vorlauf gegenüber den Mitbewerbern sicher und das Unternehmen steht auf der Gewinnerseite.

Bei der Durchführung einer Eigensituationsanalyse sollten u.a. folgende Fragen gestellt und beantwortet werden.

- Stimmt unsere Vision noch?
- Sind unsere Zielstellungen noch aktuell?
- Stimmen unsere Strategievorstellungen noch entsprechend der aktuellen Marktlage?
- Stimmt das derzeitige Profil mit den Kundenforderungen und Kundenwünschen noch überein?
- Sind unsere Stamm- und Neukunden mit unseren Produkten oder Dienstleistungen noch zufrieden?
- Sind unsere Produkte oder Dienstleistungen noch gleichermaßen gefragt?
- Kennen wir unseren Marktanteil?
- Gehen uns Aufträge aus preislichen Gründen verloren?
- Können wir unseren Marktanteil noch steigern?

- Wie lange sind wir mit unseren Leistungen erfolgreich (Ertrag/Deckungsbeitrag)?
- Welche unserer Leistungen sind bei den Kunden besonders gefragt?
- Wie stark nehmen unsere Kunden die Qualität, den Nutzen und die Vorteile unserer Leistungen wahr?
- Sind die Kunden bereit, für mehr Qualität einen höheren Preis zu zahlen?
- Denken und Handeln unsere Mitarbeiter im Sinne der Kundenzufriedenheit?
- Welche Lücken gibt es in der Kommunikation mit den Kunden, z.B. in der Kundenorientierung, den Kundengesprächen, den Kundenbindungen und der Kundenbetreuung?
- Was wollen eigentlich die Kunden konkret, wollen sie mehr Qualität, mehr Service, mehr Produktauswahl, mehr Billigprodukte, etc.?
- Wo lohnt sich was anzupacken und wo liegt der strategische Schwerpunkt?
- Haben wir ausreichende Marktbeobachtungen durchgeführt?
- Haben wir permanent Befragungen zur Kundenzufriedenheit und Mitarbeiterzufriedenheit durchgeführt, und haben wir diese ausgewertet und nutzbar gemacht?
- Wo liegen unsere zukünftigen Chancen, wo unsere Risiken gegenüber der Konkurrenz?
- Wo und wie haben sich die Wettbewerber in der Branche und in der Region entwickelt?
- Wo besteht direkte Konkurrenz mit welchem Angebot und mit welchem Erfolg?
- Wo ist die Konkurrenz uns überlegen oder unterlegen?
- Wo bestehen eigene Marktpotentiale?

Nachdem Sie die Eigensituationsanalyse durchgeführt und Ihre Stärken und Schwächen ermittelt haben, sollten Sie den zweiten Teil Ihres Marketingkonzeptes erarbeiten.

3.3 Erarbeitung einer Marketingstrategie

Wenn Sie die Situationsanalyse Ihres Unternehmens gründlich und gewissenhaft durchgeführt haben, sind Sie sicher auf Stärken und Schwächen Ihres Unternehmens gestoßen, die Ihnen vorher im alltäglichen Geschäftsleben weniger gut oder gar nicht bekannt waren. Erst durch die Situationsanalyse wurden Sie darauf aufmerksam gemacht, wo Ihre Reserven und Potenziale liegen, aber auch was Sie in Zukunft noch besser machen sollten, um Unternehmenskrisen vorzubeugen.
Eine Grundlage dafür ist die Erarbeitung einer Marketingstrategie, die speziell auf das eigene Unternehmen zugeschnitten bzw. positioniert ist.

Welche Schwerpunkte sollten eine solche Strategie beinhalten?

Ausgangsbasis für die Erarbeitung ist Ihre durchgeführte Eigensituationsanalyse, in das Sie nicht nur Ihre Stärken und Schwächen fixiert haben, sondern damit verbunden auch gleichzeitig viele Anregungen und Hinweise erhalten haben, wie Sie in Zukunft Ihre Marktposition weiter festigen und ausbauen können. Um dieses Zielverhalten zu verwirklichen, sollten Sie in Zusammenarbeit mit allen beteiligten Mitarbeitern Ihres Unternehmens ein Marketingkonzept erarbeiten, das im Einzelnen folgende Strategiekomponenten enthält.

3.3.1 Aktualisierung und Neupositionierung der Marketingstrategie

Wie bereits im Erfolgsrezept „Permanente Überprüfung und Konkretisierung der Unternehmensziele" dieses Buches dargelegt, sollten Sie als erstes die Zielstellung Ihres Unternehmens auf der Basis der von Ihnen durchgeführten Situationsanalyse aktualisieren und strategisch positionieren. Angefangen von der Entwicklung einer positiven unternehmerischen Vision bis hin zur Gewinnmaximierung sollte als Hauptanliegen der Konzeption betrachtet werden. Dabei sollten ausnahmslos alle Prozesse der Unternehmensführung, der Planung, der Organisation und der Kontrolle miteinander tangieren. Gleichzeitig ist eine übereinstimmende und wechselseitige Beziehung zwischen
kurz, - mittel- und langfristiger Marketingentwicklung aufzubauen und umzusetzen.

Dazu sind fünf Faktoren von Bedeutung:

1. In welche Richtung sollen die Maßnahmen bzw. soll die Strategie positioniert werden?
2. Welche Mittel sind dazu notwendig?
3. Wie lautet das gewünschte Ergebnis?
4. In welchem Zeitraum soll das Ergebnis erreicht werden?
5. Wer ist für welche Maßnahmen verantwortlich, wer für die Kontrolle, wer für die Abrechnung?

Welche strategischen Maßnahmen könnten für das jeweilige Unternehmen erfolgreich sein?

Im Folgenden einige ausgewählte strategische Alternativmaßnahmen, die für viele Unternehmen relevant sind.

1.Alternativstrategie
Permanente Durchführung von Marktanalysen – ein Erfolgsfaktor des Unternehmens

Unter einer Marktanalyse verstehen wir eine Zeitpunktbetrachtung, die uns Auskunft gibt über bestimmte Daten, Fakten, Probleme, etc. zu einem definierten Stichtag bzw. in einem bestimmten Zeitraum.
Sie ist für die Marketingentscheidungen notwendig und wichtig, um Informationen auf der Grundlage geeigneter Methoden zu gewinnen.

Welche Informationen könnten z.B. relevant sein?

- Wie groß ist unser Kundenkreis?
- Wie sieht die Kundenzufriedenheit aus?
- Stimmt das derzeitige Produktions- oder Leistungsprofil mit den Kundenanforderungen und Kundenwünschen noch überein?
- Entspricht unser Kundenservice noch den Erwartungen der Kunden
- Was wollen die Kunden lieber kaufen, Qualitätsprodukte, Billigprodukte oder Mixprodukte?
- Wo ist die Konkurrenz uns überlegen, wo unterlegen?
- Wo bestehen eigene Alleinstellungspotentiale?
- Wie sieht der Vergleich von Produkten / Leistungen / Preis / Vertrieb gegenüber den Mitbewerbern aus?
- etc.

Für diese Informationsbeschaffung könnten z.B. folgende Möglichkeiten genutzt werden:

- Auswertung interner Daten wie:
  - Kundenkartei
  - Kundenbefragungen
  - Verkaufsdaten (Menge, Preis)
  - Finanzielle Daten (Kosten-Gewinn)
  - etc.
- Auswertung externer Daten wie:
  - eigene Recherchen und Analysen
  - Auswertung von Veröffentlichungen, z.B. branchenrelevanter Literatur
  - Auswertung von Referenzen
  - Internet-Recherchen
  - Auswertung von Informationen von Messen, Ausstellungen, persönlichen Kontakten
  - etc.

Welche strategischen Therapien könnten z.B. aus der Analyse abgeleitet werden?
- Erweiterung des Kundenkreises durch Neukundengewinnung
- Qualitative Verbesserung der Kundenorientierung in allen Bereichen des Unternehmens
- Den Kundenwünschen besser anpassen, z.b. Qualitäts- Preis- Leistungs-Verhältnis
- Servicequalität, angefangen von der Beratung, vom Verkauf über den technischen Service, bis hin zur Verbesserung der Kundennachbetreuung
- Überlegenheit unseres Unternehmens besser präsentieren, wie z.b. mit der freundlichsten und kompetentesten Beratung, dem besten Verkauf und der besten Bedienung, die beste Produkt- und Servicequalität
- Eigene Alleinstellungspotentiale verstärkt ausbauen
- Bestehende Nischenmärkte erkunden und verstärkt agieren

2. Alternativstrategie
Durchführung von Kundenanalysen – eine Strategie zur Verbesserung der Kundenbeziehung

Bei der Kundenanalyse geht es darum herauszufinden, welche Bedürfnisse der Kunde hat und wie diese Bedürfnisse allseitig befriedigt werden können. Eine Übereinstimmung zwischen Bedürfnis und Bedürfnisbefriedigung spiegelt sich in der Kundenzufriedenheit wider.

Es liegt im Interesse des Unternehmens, alle möglichen Potenzen zu nutzen und weiter auszubauen, um durch vielfältige Methoden und Strategien die Erwartungen und Wünsche der Kunden zu erfüllen.
Eine der wichtigsten Methoden und Strategien ist die Kundenbefragung.
Um die Meinung der Kunden über die Zufriedenheit zu erfahren, sollte in regelmäßigen Abständen eine Befragung von Seiten des Unternehmens durchgeführt werden. Diese Befragungen sind außerordentlich wichtig, weil sich daraus umfangreiche und detaillierte Aussagen ergeben, was die Kunden vom Image, vom Produkt, von der Serviceleistung, von der Reklamationsleistung und nicht zuletzt von der Kundenberatung halten. Sie geben dem Unternehmen wichtige Hinweise und Ansatzpunkte auf zwei Fragen:

1. In welcher Richtung ist er zufrieden?
2. In welcher Hinsicht ist er unzufrieden?

Für die Kundenbefragung haben sich in der Praxis folgende Formen bewährt:

1. Die schriftliche Befragung durch Verschicken von Fragebögen
2. Die mündliche Befragung vor Ort
3. Die telefonische Befragung

Die schriftliche Befragung ist eine der am meisten angewendeten Methoden der Unternehmen. Mit ihr wird eine große Anzahl von Kunden erfasst, die Kunden haben mehr Zeit für die Beantwortung der Fragen und stehen nicht unter dem Einfluss von Unternehmensmitarbeitern.

Um eine hohe Rücklaufquote zu erreichen, ist es unbedingt notwendig:

- Für den Kunden nachvollziehbare Fragen kurz und präzise zu stellen
- Die Anzahl der Fragen gering zu halten
- Einen adressierten und frankierten Umschlag beizulegen
- Eine Anleitung zum Ausfüllen des Fragebogens mit Skizze anzufertigen
- Ein persönliches Anschreiben beizulegen

Die mündliche Befragung, die auch gerne von Unternehmen praktiziert wird, ist zwar zeitaufwendiger, hat aber den Vorteil, dass der beauftragte Mitarbeiter des Unternehmens (Kundenberater, Verkäufer, etc.) mit dem Kunden in direktem Kontakt steht und dadurch mehr Möglichkeiten eingeräumt werden, die Fragen gezielt an den jeweiligen Kundentyp zu richten. Außerdem kann durch Rückfragen eine bessere und präzisere Aussage sowie Bewertung der Fragen durch den Kunden erreicht werden.

Die telefonische Befragung ist nur dann nützlich, wenn es um gezielte Einzelfragen geht. In diesem Fall sollten aus Zeitgründen nur wenig ausgewählte kundenbezogene Fragen gestellt werden.

In Ausnahmefällen besteht die Möglichkeit, über E-Mail und Fax-Anschluss schriftliche Befragungen durchzuführen.

Das hier vorgestellte Befragungsmodell ist in erster Linie auf eine schriftliche Befragung zugeschnitten.
Allerdings können auch diese Befragungsinhalte (Fragestellungen) für andere Befragungsformen genutzt werden.

Schwerpunke der Befragung sind folgende Hauptbereiche:

- Produkt- oder dienstleistungsbezogene Befragungen
- Kundenberaterbezogene Befragungen
- Serviceleistungsbezogene Befragungen
- Reklamationsbezogene Befragungen

Um eine erfolgreiche Befragung durchzuführen, ist es wichtig, die Inhalte und die Methoden exakt zu definieren. Wichtig dabei ist, einen aussagefähigen Fragebogen zu erarbeiten, der für Kunden gut verständlich ist und keine Alternativfragen zulässt. Es ist auch darauf zu achten, dass nicht Fragen gestellt werden, die bedeutungslos sind oder die den Kunden persönlich nicht betreffen. Weiterhin ist von Bedeutung, dass neben den Skalen 1 – 4 eine zusätzliche Spalte in den Fragebogen etabliert wird, wo dem Kunden die Möglichkeit eingeräumt wird, eine kurze verbale Bewertung der einzelnen Fragen vorzunehmen bzw. er seine Vorschläge und Ideen einbringen kann.

Welche Fragen (Inhalte) und die dazugehörigen Bewertungsmaßstäbe sollte ein Fragebogen beinhalten?

Fragebogen zur Produkt- oder Dienstleistungsbezogenen Kundenzufriedenheit eines Unternehmens

Skala 1 (sehr gut)
Skala 2 (gut)
Skala 3 (wenig gut)
Skala 4 (schlecht)
Kurze v.B. = Kurze verbale Bewertung der Einzelfragen

Fragen	Bewertung nach Skalen				
	1	2	3	4	kurze v.B.
1. Produkt- oder Dienstleistungsbezogene Fragen.	—	—	—	—	—
• Qualität des Produktes oder der Dienstleistung					
• Qualität der durchgeführten Arbeiten					
• Preis- Nutzensverhältnis					
• Qualität- Preisverhältnis					
• Preiskonditionen (Rabatte, Skonto, etc.)					
• Serviceleistungen					
• Austauschbarkeit von Teilen					
• Bedienungskomfort					
• Termineinhaltung bei Lieferung oder Installationsarbeiten					
• Materialgüte (Präzision, kein Verschleiß)					
• Qualitätsgarantien (Gütesiegel, Messergebnisse)					
• Sicherheitsgarantien					
• Umweltfreundlichkeit					

Fragebogen zu Kundenberaterbezogenen Befragungen eines Unternehmens

Skala 1 (sehr gut)
Skala 2 (gut)
Skala 3 (weniger gut)
Skala 4 (schlecht)
Kurze v.B. = Kurze verbale Bewertung der Einzelfragen

Fragen	Bewertung nach Skalen				
	1	2	3	4	kurze v.B.
2. Kundenberaterbezogene Befragungen • Image des Beraters	—	—	—	—	—
• Erscheinungsbild des Beraters (Ausstrahlung, begeisterungsfähig, kompetent, etc.) • Rhetorik des Beraters					
• Fachliche Kompetenz des Beraters					
• Vertrauen zum Berater					
• Flexibilität des Beraters					
• Verständliche Darstellung von Produkt und Dienstleistungen • Problemlösungsfähigkeit bei Produktangelegenheiten • Preisangelegenheiten					
• Ausstattung der Beraterräumlichkeit					
• Abgeschirmtheit der Beratung					
• Termineinhaltung des Beraters					

Fragebogen zu Serviceleistungsbezogenen Fragen eines Unternehmens

Skala 1 (sehr gut)
Skala 2 (gut)
Skala 3 (weniger gut)
Skala 4 (schlecht)
Kurze v.B. = Kurze verbale Bewertung der Einzelfragen

Fragen	Bewertung nach Skalen				
	1	2	3	4	kurze v.B.
3. Serviceleistungsbezogene Fragen	—	—	—	—	—
• Gestaltung des Empfangs					
• Kompetenz des Servicepersonals					
• Kulanz bei Serviceleistungen (z.B. Umtausch, Reklamationen, etc.) • Qualität der Garantieleistungen					
• Qualität des Wartungs- und Reparaturdienstes einschließlich Inspektion • Ersatzteildienst					
• Aufstelldienst, z.B. bei Anlagen					
• Inbetriebnahme von Anlagen					
• Termineinhaltung					
• Flexibilität des Services, z.B. Service rund um die Uhr • Parkmöglichkeiten					
• Kundenbetreuung nach dem Kauf eines Produktes oder nach Realisierung einer Dienstleistung • Kundenweiterbetreuung nach Ablauf der Garantieleistungen • Hotline-Service					

Fragebogen zur Reklamationsbezogenen Befragung eines Unternehmens

Skala 1 (sehr gut)
Skala 2 (gut)
Skala 3 (weniger gut)
Skala 4 (schlecht)
Kurze v.B. = Kurze verbale Bewertung der Einzelfragen

Fragen	Bewertung nach Skalen				
	1	2	3	4	kurze v.B.
4. Reklamationsbezogene Befragung	—	—	—	—	—
• Wie war der Empfang					
• Wie war die Abwicklung der Reklamation?					
• Kulanz bei der Reklamation					
• Wie bewerten Sie den Gesamteindruck der Reklamationsbearbeitung?					
• Wie bewerten Sie die Kundenzufriedenheit nach der Reklamation?					
• Erreichbarkeit der zuständigen Mitarbeiter					

Welche strategischen Lösungsmöglichkeiten könnten z.B. aus der Kundenanalyse abgeleitet werden?

- Gründliche Auswertung der einzelnen Skalenwerte.
- Anzahl der Skalenwerte sehr gut bis gut ermitteln und als Positivbilanz werten.
  In dicsem Fall wäre kein Handlungsbedarf notwendig.
- Anzahl der Skalenwerte weniger gut bis schlecht ermitteln und als Negativbilanz werten.
  In diesem Fall ist Handlungsbedarf notwendig, um die Schwachstellen zu beseitigen. Hier gilt es, alle Kräfte und Mittel einzusetzen, die dazu beitragen, die Kunden allseitig zu befriedigen. Diese zufriedenen Kunden kommen immer wieder und sind bereit, auch andere für das Unternehmen zu werben.

3. Weitere Alternativstrategien könnten erfolgversprechend für das Unternehmen sein, wie z.B.:

- Ausbau und Verbesserung der Servicequalität
- Direkte und indirekte Preisnachlässe gewähren
- Produktinnovation systematisch vereinen und anspruchsvoller gestalten
- Hohen Marktanteil in kleineren Marktnischen anstreben oder neue Marktnischen erschließen
- Marketing-Mix intensivieren
- Preiswerte Produkte oder Dienstleistungen anbieten
- Image über Werbung profilieren

4. Erfolgsrezept: Servicequalität – mehr bieten als die Konkurrenz

4.1 Grundlegende Bemerkungen

Service in Verbindung mit Produkt oder Dienstleistung gewinnt immer mehr an Bedeutung. Das Unternehmen mit einem besseren Service hat heute weitaus bessere Chancen und entscheidende Vorteile gegenüber Unternehmen mit geringem Service. Durch zusätzliche Serviceleistungen, verbunden mit dem Kauf einer Ware oder Dienstleistung, kann das Unternehmen nicht nur ihren Umsatz steigern, sondern auch langfristig Kunden binden. Wird der Service gegenüber der Konkurrenz übertroffen, dann entscheidet sich der Kunde für das Unternehmen mit dem besseren Service. Nicht der Kunde richtet sich nach der Servicequalität des Unternehmens, sondern das Unternehmen muss sich nach den Vorstellungen und Anforderungen des Kunden richten.
Aus dieser Tatsache nimmt das Qualitätsmanagement eines Unternehmens eine Schlüsselfunktion ein. Qualitätsmanagement heißt, Qualität in der Bedienung zu den Kunden, zwischen den Mitarbeitern, zwischen den Mitarbeitern und dem Leistungsmanagement, sowie Beziehungen zu den Lieferanten und anderen Kooperationspartnern.
Produkt-, Leistungs- und Servicequalität sind angesichts des zunehmenden Konkurrenzkampfes auf dem Wirtschaftsmarkt die wichtigsten Erfolgsfaktoren für das Image des Unternehmens. Der Kunde möchte stets ein Produkt kaufen, das eine hohe Qualität garantiert. Handelt es sich um eine handwerkliche Dienstleistung, so muss auch hier die Forderung des Kunden erfüllt werden, nämlich der Einsatz hochwertiger Werkstoffe oder Waren und die fach- und qualitätsgerechte Verarbeitung im Sinne der vom Kunden gewünschten Dienstleistung.
Qualitätsmanagement ist keine einmalige Angelegenheit, sondern ein fortlaufender Prozess, der den gesamten Produktions- und Dienstleistungsprozess durchdringt.

Qualität beginnt im Kopf, einmal als Führungsaufgabe der Unternehmensleitung und seiner Mitarbeiter, zum anderen als Verbesserung des Qualitätsbewusstseins insgesamt.

Meinungsfragen zur Servicequalität haben ergeben, dass sich die Kunden oft über Folgendes beklagen:

- über den schlechten Umgangston
- über die schlechte Auftragserfüllung
- über die Nichteinhaltung von Zusagen
- über die schlechte Beratung
- über die hohen Preise, die nicht im Verhältnis zur Qualität stehen
- über mangelnde Reklamationsabwicklung
- über schlechte Kundennachbetreuung

4.2 Servicequalität aus der Sicht der Kunden

Was versteht der Kunde unter Servicequalität?

Der Kunde versteht unter Service die Gesamtheit aller unterschiedlichen Leistungen in Bezug auf das Produkt, auf die Dienstleistungen, den Kundendienst, auf den Preis und das Image des Unternehmens.
Hier besteht eine enge qualitative Beziehung zum gekauften Produkt und den dazugehörigen Serviceleistungen. Produkt- und Servicequalität sind die Devise des Kunden. Werden diese beim Kauf eines Produktes und danach durch Serviceleistungen erfüllt, ist der Kunde zufrieden. Kommen noch persönliche Extraserviceleistungen hinzu, wenn z.B. das Auto eines Kunden zur Reparatur nicht nur abgeholt wird, sondern auch gewaschen zurück gebracht wird und der Kundendienst dem Kunden noch gute Fahrt wünscht, dann ist der Kunde nicht nur zufrieden, sondern begeistert von diesem Unternehmen.
Tatsachen aus der Praxis bestätigen es immer wieder, wo guter Service geboten wird, dort wird auch gerne gekauft. Service ist und wird immer mehr zum Schlüsselfaktor für eine Kaufentscheidung. Es ist nicht anzunehmen, dass sich ein Kunde bei der Wahl zwischen zwei gleich teuren Produkten oder Dienstleistungen für das mit dem schlechteren Service entscheiden wird. Guter Service, verbunden mit hoher Qualität, sind Ansprüche, die der Kunde an das Unternehmen stellt.

Der Kunde sieht in den Serviceleistungen die Gesamtheit aller Unternehmensaktivitäten. Nicht die einzelnen Elemente (z.B. Garantieleistungen) sind für ihn entscheidend, sondern die Komplexität aller Elemente und zwar in hoher Qualität.

> Beispiel: Werden Wartungsarbeiten nicht termingerecht und in schlechter Qualität ausgeführt oder werden die versprochenen Qualitätsparameter beim Kauf eines Produktes nicht erfüllt, dann ist der Kunde enttäuscht. Er kauft dort nie wieder, er sucht sich ein anders Unternehmen. Die Glaubwürdigkeit und damit auch das Image dieses Unternehmens wird in Frage gestellt.

Im Wesentlichen besteht der Produktservice aus drei Bestandteilen: dem Grad der Qualität, der Leistung und ihrer Zuverlässigkeit und dem Nutzen für den Kunden. Für einige Kunden ist die Zuverlässigkeit nicht ganz so wichtig. Sie verzichten z.B. aus finanziellen Gründen auf ein vollständiges Servicepaket und möchten ein Teil des Services selbst übernehmen.
Der größte Teil der Kunden ist jedoch bereit, einen hohen Preis für einen kompletten Service zu bezahlen. Überwiegend sind es solche Kunden, die es sich finanziell leisten können oder auch solche, die aus Kenntnis- und Erfahrungsmangel nicht fähig und in der Lage sind, Teilserviceleistungen selbst zu übernehmen.

Diese Teilserviceleistungen können sein:
Zusammenbauen einer Wohnzimmereinrichtung oder die Installation eines gekauften PC oder das Einbauen von gekauften Fenstern oder Türen, etc.

Fazit: Gute und bessere Servicequalität ist die entscheidende Überlebenschance des Unternehmens und der wichtigste Wettbewerbsvorteil für das Unternehmen.

Wie möchte der Kunde die Produktserviceleistung oder den Dienstleistungsservice verwirklicht sehen, was interessiert ihn vordergründig, was erwartet er vom Servicedienst?

4.3 Kundendienstservicequalität

- Die problemlose Umtauschgarantie von Produkten, Durchsetzung von Schadenersatzforderungen oder Geld- zurück- Garantie
- Die Einhaltung der versprochenen Serviceleistungen termingerecht und in zugesagter Qualität
- Das Aufstellen, Anschließen und Einstellen von Geräten oder Anlagen, einschließlich Probelauf
- Die lückenlose Beseitigung von Produkt- und Anlagenfehlern, Störfunktionen, etc.
- Die Produktanlieferung und Rücknahme von Verpackungen
- Die Einhaltung der vertraglich geregelten Garantie- und Serviceleistungen, termin- und qualitätsgerecht
- Eine sachkundige Einweisung, z.B. in eine installierte Gasheizung oder Bedienunterweisung, z.B. eines installierten PC
- Ein einfaches, kundenverständliches Anleitungsmaterial für Funktions- und Ablaufprozesse eines Produktes oder einer Anlage
- Serviceleistungen auch außerhalb der üblichen Arbeitszeiten sowie an Sonn- und Feiertagen, z.B. im Falle einer Havarie oder andere Ausfälle eines gekauften Produktes oder einer Anlage
- Hotline-Service
- Eine freundliche, begeisternde und sachkundige Anleitung und Weiterbetreuung durch das Unternehmen bzw. das Servicepersonal
- Eine Weiterbetreuung nach Ablauf der Garantieleistungen, möglichst bis Nutzungsende (trifft insbesondere für technische Anlagen zu, z.B. Heizungsanlagen, aber auch z.B. für Autoservicedienstleistungen)

4.3.1 Qualität in der Reklamationsabwicklung

Reklamationen bedeuten soviel wie: Beanstandungen, Beschwerden, Klagen oder Einsprüche.
Jeder Kunde hat das Recht zu reklamieren. Reklamationen haben nicht nur negative Auswirkungen für den Kunden und das Unternehmen, sondern können auch einen positiven Effekt auslösen. Im Falle der Konfliktlösungsphase kann das Unternehmen unter Beweis stellen, ob es sich für den Kunden gelohnt hat, diesem Unternehmen zu vertrauen. Geschieht das in beiderseitiger Einigung und in zügiger Bearbeitung, dann bleibt der Kunde dem Unternehmen treu, er ist begeistert und zufrieden und kommt wieder. Dadurch kann das Image des Unternehmens aufgewertet und das Selbstwertgefühl des Kundenberaters gestärkt werden.

Treten dagegen öfter Reklamationsfälle im Unternehmen auf, die dann noch schleppend bearbeitet werden oder mit Schuldzuweisungen verbunden sind, dann ist der Kunde verärgert, er wird es sich wohl genau überlegen ob er noch mal wieder kommt. In den meisten Fällen wird der Kunde dem Unternehmen nicht mehr zur Verfügung stehen. Liegt beim Kunden eine schuldhafte Nachweisführung vor, wird der Kunde es einsehen und verstehen. Auch hier sollte dem Kunden eine Kulanzlösung angeboten werden. Eine solche Kulanzlösung wirkt auf den Kunden sehr wohltuend und stärkt das Vertrauen zum Unternehmen in einem noch höheren Maße als bisher. Für die erfolgreiche Reklamationsbearbeitung ist genau so viel Kompetenz und „Fingerspitzengefühl" gefragt wie beim Verkaufsgespräch, oft noch mehr.

Fazit: Lieber Kulanzlösungen hinnehmen, als den Kunden für immer verlieren.

Welches sind die häufigsten Reklamationsgründe?

- Produktfehler, z.B. schlechte Be- und Verarbeitung des Produktes, Materialfehler, Funktionsfehler etc.
- Schlechte Dienstleistungserfüllung, z.B. Qualitätsmängel, Nichteinhaltung von Termin- und Preisvereinbarungen, Nichteinhaltung von Projektvereinbahrungen, etc.
- Falsche Kaufentscheidung des Kunden
- Ungenügende und falsche Kundenberatung, z.B. unzutreffende Angaben über Produktqualität, Leistungsvermögen, Einsatzmöglichkeiten, Bedienung und Handhabung, etc.

In der Konfliktlösungsphase kann das Unternehmen unter Beweis stellen, ob es sich für den Kunden gelohnt hat, diesem Unternehmen zu vertrauen. Geschieht die

Einigung im beiderseitigen Einvernehmen und in rascher Bearbeitung, ist der Kunde zufrieden, und er bleibt oft dem Unternehmen treu. Er wertet die schnelle bedingungslose Lösung der Reklamation als eine positive Erfahrung, die ihn dazu motiviert, weiter Produkte aus dem Angebot zu kaufen. Als zufriedener Kunde wird er dann auch gerne bereit sein, seine positiven Erfahrungen weiterzugeben.
Treten dagegen mehrmals Reklamationen im Unternehmen auf, die dann noch verzögert bearbeitet werden oder sogar mit einer Schuldzuweisung verbunden sind, dann ist der Kunde enttäuscht und verärgert, er ist unzufrieden und verlässt für immer das Unternehmen. Er wird sicherlich in der Öffentlichkeit nicht gerade positiv von diesem Unternehmen berichten.

Fazit: Unzufriedenheit beim Kunden bringt Imageverlust für das Unternehmen, löst schlechte Kundenabwertungen und Kundenabwanderungen aus.

Wie sollten unter dem Aspekt der Kundenzufriedenheit Reklamationen behandelt werden?

Dazu folgende Hinweise:

- Den Kunden freundlich empfangen und Verständnis für sein Reklamationsanliegen zeigen. Prüfen Sie sofort die Reklamationsursachen.
- Entschuldigen Sie sich beim Kunden, wenn Sie den Fehler bei sich oder Ihrem Unternehmen feststellen.
- Liegen schuldhafte Fehler beim Kunden vor (z.B. durch falsche Bedienung oder Manipulation), dann zeigen Sie wirtschaftlich vertretbare Kulanz. Es ist besser etwas zu opfern, als den Kunden zu verlieren. In diesem Falle wird der Kunde Ihnen Dank und Begeisterung entgegenbringen.
- Klären Sie die Reklamation möglichst sofort und zur Zufriedenheit des Kunden und des Unternehmens. Ein solcher Weg motiviert den Kunden, spart Zeit und weiteren Ärger.
- Nachdem Sie das Problem zur Zufriedenheit beider Partner gelöst haben, entschuldigen Sie sich beim Kunden für diese „Panne". Sagen Sie Dank für das Kommen und bieten Sie ihm weiterhin gute Zusammenarbeit an. Sagen Sie dem Kunden, dass Sie jederzeit für ihn zur Verfügung stehen. Ein solches Verhalten Ihrerseits macht auf den Kunden einen guten Eindruck.

Ausgewählte Regeln einer erfolgreichen Reklamationsbearbeitung

- Das Reklamationsgespräch außerhalb der Kundenzone wählen, wo ungestört das Problem besprochen werden kann und keine Neukunden beeinflusst werden können.

- Das Gespräch mit einem freundlichen Blick eröffnen und ein Dankeschön für das Kommen sagen. Damit haben Sie schon das „Dampfablassen" beim Kunden minimiert.

- Fragen Sie den Kunden nach seinem Problem.

- Unterbrechen Sie den Kunden nicht, lassen Sie ihn aussprechen. Geben Sie ihm Gelegenheit seinem Ärger Luft zu machen. Er wird von selbst sich innerhalb kurzer Zeit abreagiert haben.

- Verständnis für das Problem haben und auch zeigen, wie z.b.:
  - „Es tut mir leid"
  - „Ich kann Sie gut verstehen"
  - „Ich kann mich gut in Ihre Lage versetzen"
  - „Ausgerechnet bei Ihnen muss das passieren"
  - „Ich hätte bestimmt auch so gehandelt"

  Damit haben Sie einen weiteren Pluspunkt beim Kunden gesammelt.

- Machen Sie sich schriftliche Notizen und ein eigenes Bild, so merkt der Kunde, dass Sie ihn ernst nehmen. Er wird dann auch vorsichtiger in seinen Äußerungen, weil er sieht, dass seine manchmal übertriebenen Äußerungen festgehalten werden.

- Wiederholen Sie das Notierte, Ihre Analyseergebnisse und kommen Sie zur Lösung des Problems. Ist der Kunde mit der vorgeschlagenen Lösung einverstanden, dann bedanken Sie sich beim Kunden für die Problemlösungsmöglichkeit.

- Entschuldigen Sie sich zum Schluss noch mal beim Kunden, denn nichts wirkt versöhnlicher als das Wort „Entschuldigung".

Fazit: Auch Reklamationen haben etwas Positives, wenn Sie gelöst werden. Sie zeigen Fehler und Schwachstellen auf, bringen neue Lösungen, stärken das Image des Unternehmens und das des Kundenberaters und unterstützen die weitere Zufriedenheitsentwicklung der Kunden. Die Reklamationsbearbeitungen sollten grundsätzlich nur von den qualifiziertesten Mitarbeitern, einschließlich der Chefs, in Kleinunternehmen durchgeführt werden. Dabei sind besonders Kenntnisse der Psychologie, der Rhetorik und der Kompetenz Grundvoraussetzung.

Ausgewählte Regeln einer für den Kunden unzufriedenen Reklamationsbearbeitung

Wenn der Reklamationsbearbeiter

- den Kunden unterbricht, mit den Worten:
  - „Schreien Sie nicht so"
  - „Werden Sie doch sachlich"
  - „Kommen Sie doch zur Ruhe"
- wenn Reklamationen angezweifelt werden mit den Worten:
  - „Hatten wir noch nie gehabt"
  - „Haben Sie wohl selber Schuld für das Auftreten des Fehlers"
  - „Als Sie das Produkt von uns gekauft haben, war alles noch in Ordnung"
- wenn die Reklamation verharmlost wird mit den Worten:
  - „Es ist doch gar nicht so schlimm"
  - „Es gibt Schlimmeres"
  - „Es ist doch kein Problemfall"
- wenn man nach Ausreden sucht, mit den Worten:
  - „Sie sind doch von mir richtig beraten worden"
  - „Sie wollten doch das Produkt und nicht ich"
- wenn man die Schuld auf Dritte abwälzt, mit den Worten:
  - „Da hat der Hersteller Schuld"
  - „Dann sind Sie von meinem Kollegen nicht richtig beraten worden"
  - etc.

4.4 Qualität der Kundenberatung.

Mit der Kundenberatung beginnt der erste Kontakt zwischen dem Berater und dem Kunden und damit auch die erste Phase der Kundenzufriedenheit.
Verläuft die Beratung begeisternd und kompetent, ist der erste Schritt der Kundenzufriedenheit getan. Folgen dann weitere positive Schritte von der erfolgreichen Verhandlung bis hin zum Kundenauftrag und zur Auftragsrealisierung, dann ist die Kundenzufriedenheit ein voller Erfolg sowohl für den Kunden selbst, als auch für den Berater und damit auch für das Unternehmen.
Verläuft die Kundenberatung nicht in Übereinstimmung beider Partner (Berater und Kunde) und wird kein Konsens gefunden, ist die Kundenzufriedenheit in Gefahr.

Was versteht der Kunde unter einer guten Beraterqualität?
- Einem freundlichen und gut gelaunten Kundenberater die Hand geben
- Eine begeisternde, aufgeschlossene und ehrliche Gesprächsatmosphäre
- Eine kompetente und kundenverständliche Beratung
- Eine vertrauensbildende, produktbezogene Kaufverhandlung
- Ein maßgeschneidertes Produktangebot
- Eine Demonstration von Alternativprodukten und ihren Vor- und Nachteilen
- Eine Beweisführung zur Leistungs- und Produktqualität im Verhältnis zum Preis haben
- Dass Zahlungsmöglichkeiten angeboten werden (z.B. Ratenkauf, Kreditkauf, Inzahlungnahme, etc.)
- Dass Preisnachlassmöglichkeiten eingeräumt werden (z.B. Rabatte, Skonto, etc.)
- Dass Garantie- und Reklamationsansprüche aufgezeigt und fixiert werden
- Einen weiterlaufenden Betreuungsservice (z.B. Nutzenserhalt, Angebotsinformationen, Serviceleistungsinformationen, etc.)

Weitere Informationen zur Qualität der Kundenberatung erhalten Sie im Erfolgsrezept „Kundenorientiertes Denken und Handeln" von Seite 55 bis 75.

5. Erfolgsrezept : Kundenorientiertes Denken und Handeln

5.1 Grundlegende Bemerkungen

Eine der größten Herausforderungen an ein erfolgreiches Unternehmen ist heute die Kundenorientierung.
Dieser Tatsache müssen sich viele Unternehmer stellen, um besser zu sein als die Konkurrenz. Das Unternehmen muss um jeden Kunden kämpfen.
Die Ansprüche der Kunden sind gestiegen, er möchte mehr als nur ein Produkt kaufen. Er möchte Freundlichkeit, eine gute und kompetente Beratung, er möchte Vertrauen, Kulanz, einen guten Service u.a.m..
Trotz dieser Notwendigkeit wird von vielen Unternehmen die Kundenorientierung noch unterschätzt. Einige Unternehmen behandeln ihre Kunden manchmal noch so, als sei der Kunde ein ungeliebter Störfaktor im geordneten organisatorischen Ablauf.
Zu Recht klagen dann die Kunden oft über:

- lange Wartezeiten bis zur Bedienung
- unfreundliche Bedienung
- geringe Kompetenz in der Beratung und im Verkauf
- mangelnder Service, insbesondere bei Garantieleistungen, Reklamationen etc.
- mangelnde Zuverlässigkeit in der Termineinhaltung
- ungenügende Sortimentsübersicht und Auspreisung
- mangelnde Kundennachbetreuung
- etc.

Einige Unternehmen sehen immer noch die Intensivierung der Kundenorientierung als ein nicht messbares oder nachvollziehbares Ergebnis an. Untersuchungen und Erfahrungen einiger Unternehmen beweisen das Gegenteil. Sie konnten durch die Intensivierung der Strategie in der Kundenorientierung nachweislich eine Verbesserung der Gesamtbilanz ihres Unternehmens erzielen.

<u>Von welchen Zielen und Inhalten sollte eine kundenorientierte Strategie ausgehen?</u>
<u>Welche Leitgedanken und Grundsätze spielen bei dieser Strategie eine dominierende Rolle?</u>

Ein erfolgreicher Beginn in der Kundenorientierung ist eine grundsätzliche Kehrtwende im Denken und Handeln, sowohl bei der Unternehmensleitung als auch bei jedem Mitarbeiter des Unternehmens. Sie sollten weniger Ihr Unternehmen sehen, dafür mehr die Sichtweite des Kunden in den Mittelpunkt stellen. Denn Kunden sind ja die eigentlichen Geldbringer Ihres Unternehmens. Ohne Kunden könnte kein Unternehmen existieren.
Also ist der Kunde nicht nur „König", sondern auch „Geldbringer" zugleich.
Nicht der Kunde ist auf das Unternehmen angewiesen, sondern das Unternehmen auf den Kunden!

5.2 Analyse der Kundenorientierung

Um den genauen Stand der Kundenorientierung im Unternehmen zu überprüfen, ist eine Analyse erforderlich.
An Hand folgender Fragestellungen können Sie feststellen, inwieweit Sie die Kundenorientierung in Ihrem Unternehmen umsetzen.
Nachfolgend einige ausgewählten Fragen:

- Steht der Kunde im Mittelpunkt unseres Unternehmens?
( ) Ja
( ) Nein
- Haben wir (Unternehmensleitung und Mitarbeiter) eine einheitliche Auffassung zur Kundenorientierung?
( ) Ja
( ) Nein
- Ist die Kundenorientierung Bestandteil unserer Führungsphilosophie und Unternehmenskultur und wird diese auch in der Praxis verwirklicht bzw. umgesetzt?
( ) Ja
( ) Nein
- Wissen wir, wie viele Kunden wir haben (Stammkunden, Kaufkunden, Neukunden)?
( ) Ja
( ) Nein
- Haben wir einen Überblick, wer unsere Kunden sind (Kundenkartei)?
( ) Ja
( ) Nein
- Ist das Verhalten aller Mitarbeiter kundenorientiert und kundenfreundlich?
( ) Ja
( ) Nein
- Kennen alle Mitarbeiter des Unternehmens die Grundregeln des Verhaltens und des Verhandelns?
( ) Ja
( ) Nein
- Nehmen wir uns Zeit für unsere Kunden, z.B. beim Empfang, für die Beratung, für den Verkauf?
( ) Ja
( ) Nein
- Können wir Kunden begeistern und dabei ein glaubhaftes Vertrauen vermitteln und aufbauen?
( ) Ja
( ) Nein

- Sind unsere Mitarbeiter in der Lage, den Kunden mit Fachkompetenz und rhetorischem Können zu beraten, ohne dabei die kundenverständliche Sprache zu vernachlässigen?
( ) Ja
( ) Nein
- Werden Informationen oder Meinungen der Kunden über unser Unternehmen gesammelt und ausgewertet?
( ) Ja
( ) Nein
- Werden Reklamationen oder Beschwerden der Kunden bearbeitet und gelöst?
( ) Ja
( ) Nein
- Behandeln wir interne und externe Feedbacks?
( ) Ja
( ) Nein

5.3 Erfolgsfaktoren zur Verbesserung der Qualität der Kundenorientierung

Nachdem Sie Ihr Unternehmen mit Hilfe von Fragestellungen in bezug auf die Kundenorientierung analysiert und bilanziert haben, geht es anschließend darum, konkrete Maßnahmen für die Kundenorientierung in Form von Erfolgsfaktoren festzulegen, die die Gesunderhaltung Ihres Unternehmens gewährleisten.

5.3.1 Erfolgsfaktor - Gelebte Unternehmensphilosophie und Unternehmenskultur

Kundenorientierung hat mit gelebter Unternehmensphilosophie und Unternehmenskultur zu tun. Sie bringen zum Ausdruck, welche Normen, Überzeugungen und Werte im Unternehmen vorhanden sind und wie diese im praktischem Verhalten und Handeln aller Mitarbeiter umgesetzt werden.
Wenn Sie als Unternehmen über solche Grundwerte verfügen, haben Sie weitaus bessere Erfolgschancen, als Ihre Mitbewerber mit einer schwach ausgeprägten Unternehmensphilosophie und Unternehmenskultur.

Welche Leitsätze charakterisieren eine vorbildliche und kundenorientierte Unternehmensphilosophie und Unternehmenskultur?

- die Identifizierung aller Mitarbeiter mit dem Unternehmen
- die Identifizierung der Kunden mit dem Unternehmen
- alle Mitarbeiter denken und handeln im Sinne des Unternehmenserfolges
- es herrscht ein gutes Betriebs- und Arbeitsklima
- es existiert ein klares Leitbild mit klarer Ziel- und Aufgabenstellung für das Unternehmen und für jeden Mitarbeiter

- die Unternehmensleitung hält engen Kontakt zu ihren Mitarbeitern und übernimmt die Rolle der Vorbildwirkung
- es herrscht eine schnelle, ehrliche und umfassende Informationspolitik innerhalb des Unternehmens
- die Unternehmensleitung legt großen Wert auf die Mit- und Eigenverantwortung ihrer Mitarbeiter

5.3.2 Erfolgsfaktor – Ein gut funktionierendes Beziehungsmanagement

Eine Beziehungsstrategie zu den Kunden aufzubauen, ist einer der wichtigsten Erfolgsfaktoren der Kundenorientierung. Bereits beim ersten Kontakt mit dem Kunden sollten die Prioritäten durch eine vertrauensbildende Gesprächsatmosphäre gesetzt werden. Was Sie im ersten Gespräch nicht erfahren, werden Sie möglicherweise nie erfahren. Bauen Sie deshalb sofort eine gute Beziehung auf und warten Sie nicht darauf, dass der Kunde aktiv wird. Machen Sie keinen Unterschied in Fragen des Beziehungsaufbaus, ob es ein Stammkunde oder Neukunde ist. Behandeln Sie beide gleich. Nur so wird der Neukunde merken, dass er gleichberechtigt behandelt wird.
Natürlich will er ein Produkt kaufen oder eine Dienstleistung in Auftrag geben. Er erwartet aber noch mehr, nämlich eine freundliche und sachkundige Beratung, verbunden mit einem guten Service.
Ein Kunde muss das Gefühl haben, dass er anerkannt wird, dass er verstanden wird und dass auf seine Wünsche und Anliegen konkret eingegangen wird. Nur so kann sich eine erfolgreiche Beziehung aufbauen.

Wie z.B. ein erfolgreiches kundenorientiertes Beziehungsmanagement ablaufen könnte, soll in einem Verhandlungsgespräch zwischen einem Kundenberater/Verkäufer und einem Kunden dargestellt werden.

Dieser Ablauf könnte folgende Reihenfolge beinhalten:

- Begrüßen Sie den Kunden mit einem Lächeln höflich und zuvorkommend. Stellen Sie sich mit Ihrem Namen vor. Denken Sie daran, dass Ihr erster Auftritt durch die Begrüßung der wichtigste und entscheidenste Auftritt für die weiteren Gesprächsverhandlungen ist.

- Bieten Sie dem Kunden Platz und Getränke an. Es ist eine Höflichkeitsgeste, die beim Kunden gut ankommt.

- Bevor Sie das Gespräch beginnen, finden Sie die richtigen Einstiegsformulierungen, z.B. „Wie geht es Ihnen, hatten Sie eine gute Fahrt?"

- Stellen Sie dem Kunden Ihr Aufgabenbereich vor. Geben Sie dem Kunden einen Überblick über die Firmenphilosophie, über die Unternehmensstruktur, über Waren- und Leistungsangebote etc..

- Fragen Sie den Kunden nach seinem Anliegen. Gehen Sie auf Wünsche und Probleme ein, wenn notwendig auch nachfragen. Lassen Sie sich hier viel Zeit, um den genauen Kauf- bzw. Auftragswunsch zu ermitteln.

- Erläutern Sie dem Kunden mit einer ehrlichen kundenverständlichen Sprache, oder an Hand von Beispielen oder Objekten, die Vor- und Nachteile der Waren, Produkte oder Dienstleistungen im Hinblick auf Preis, Leistung und Qualität. Sagen Sie ihm, warum das Produkt bzw. die Dienstleistung „A" besser ist als „B".

- Achten Sie nach dem Angebot auf die Reaktion des Kunden. Ist sie zurückhaltend, abweisend oder bereitwillig. Reagieren Sie dann entsprechend durch Nachfragen und weiteren Erläuterungen. Dabei keine Zwangsüberzeugung anstreben.

- Den Kunden auf mögliche Preiskonditionen, Preisnachlässe, Rabatte, Skonto, Garantie- und Serviceleistungen hinweisen und dabei die Kauf- oder Auftragsmotivation überzeugend aktivieren.

- Wenn Einigung, dann Kundenauftrag abschließen. Den Inhalt des Auftrages erläutern. Unterschriften beider Parteien vollziehen.

- Dank für das Kommen aussprechen. Viel Freude und Erfolg z.B. mit dem gekauften Gegenstand wünschen. Visitenkarte dem Kunden überreichen. Sagen Sie zum Schluss: „Ich bin immer für Sie da, immer, wenn Sie es wünschen".

5.3.3 Erfolgsfaktor – Kundenorientierten Beziehungsaufbau vom ersten Tag der Kontaktaufnahme mit dem Kunden anstreben.

Ob die Kontaktaufnahme per Telefon, per E-mail, per Fax oder persönlich vor Ort geschieht, behandeln Sie den Kunden so, als ob er bereits bei Ihnen Stammkunde wäre.
Beim ersten Kontakt, oder besser gesagt, der erste Eindruck wird von den Kunden besonders wahrgenommen. Hier reagiert der Kunde sehr sensibel auf Freundlichkeit, auf Entgegenkommen, auf Engagement, auf Professionalität etc.. Der Kunde merkt sofort, wie die Kundenorientierung im wahrsten Sinne des Wortes umgesetzt wird oder ob diese nur z.B. im Imageprospekt oder in der Homepage steht.

Der Empfang beim Unternehmen, ob an der Informationsstelle oder am Kundenberatungsservice ist der unmittelbar erste direkte Anlaufpunkt für den

Kunden. Von hier ab sollte man beim Kunden einen wohltuenden Eindruck erwecken, hier bin ich willkommen, hier bin ich gut aufgehoben, hier bin ich „König Kunde". Geht man so vor, dann sind die ersten Weichen eines persönlichen Vertrauensverhältnisses gestellt und der Kunde gewinnt den Eindruck, in diesem Unternehmen wird nicht nur Kundenorientierung geschrieben, sondern auch in die Praxis umgesetzt.

Wenn beim Empfang der Smalltalk zur Zufriedenheit des Kunden gelaufen ist, beginnt nun das eigentliche Verkaufs- oder Beratungsgespräch. Hier liegen die eigentlichen Schwerpunkte und die entscheidenden Schnittstellen in der Kundenorientierung.
Es hängt jetzt wesentlich vom Verkäufer oder Berater ab, wie er es versteht, mit seiner Ausstrahlungskraft, mit seinen rhetorischen Fähigkeiten, mit seinen Menschenkenntnissen und seiner fachlichen Kompetenz Kunden für einen Auftrag zu gewinnen.
Begeisterung, rhetorisches Können, Menschenkenntnisse und fachliche Kompetenz in Übereinstimmung mit dem Image des Unternehmens, sind die wichtigsten Herausforderungen für die Unternehmen unserer Zeit geworden, die durch eine erfolgreich organisierte und durchgeführte Kundenorientierung maßgeblich die Kundenbindung beeinflussen.

5.3.4 Erfolgsfaktor – rhetorisches Können und psychologische Kenntnisse der Mitarbeiter des Unternehmens

5.3.4.1 Rhetorisches Können

Sie sollten sich rhetorisch gekonnt auf den Kunden einstellen und psychologisch, professionell auf ihn einwirken.
Zur rhetorischen Verständigung gehören die Elemente:

- die Stimme
- die Sprache
- die Körpersprache

Die Stimme als das Hauptwerkzeug der Kommunikation existiert nicht nur in Form der Stimmlage, des Tonfalles, der Betonung oder des Sprechtempos, sondern auch und insbesondere in der Interpretation, der Emotion, der Motivation und der Begeisterung.
Denn es geht nicht in erster Linie darum, etwas zu sagen, sondern vielmehr, wie es interpretiert und mit welcher Begeisterung das Gesagte artikuliert wird.
Dabei nimmt die Stimmlage als ein Teil der Stimme einen wichtigen Platz ein. So empfinden Kunden eine tiefere Stimme angenehmer als eine hohe oder schrille

Stimme. Da bei Stress, Ärger oder Lampenfieber die Tonlage automatisch höher wird, sollte man entspannt, motiviert und voller Optimismus auf den Kunden zugehen.

Der Tonfall, als ebenso wichtiger Bestandteil der Stimme, gibt dem Gesagten die zusätzliche Würze. Schon bei der Begrüßung eines Kunden kann der Tonfall enttäuschend oder begeisternd wirken. Wenn ein Kundenberater oder Verkäufer den Kunden aus innerlicher Freude und Begeisterung, unterstützt durch die passende Gestik und Mimik, begrüßt, dann steht der Kunde auf seiner Seite, und der Erfolg für das anstehende Beratungsgespräch ist vorprogrammiert.

Die Betonung, als weiterer Bestandteil der Stimme, setzt besondere Akzente. Sie kann das Interesse wecken und motivierend auf den Kunden einwirken, andererseits aber auch Desinteresse und Resignation hervorrufen. Deshalb sollte eine besondere Betonung auf bedeutsamen Aussagen liegen. Die Betonung ist generell den allgemeinen und konkreten Aussagen anzupassen.

Das Sprechtempo ist ebenfalls ein Bestandteil der Stimme und besonders wichtig für das Erfassen und Verarbeiten von Informationen.
Jede Information wird über Schallschwingungen, die außerhalb der menschlichen Hörgrenze liegen, aufgenommen und im Kurz- oder Langzeitgedächtnis gespeichert. Wenn durch ein zu schnelles Sprechen die Hörgrenze überschritten wird, werden wichtige Informationen vorübergehend nicht mehr aufgenommen, der Kunde wird überfordert und schaltet ab.
Ist das Sprechtempo zu langsam, fühlt sich der Kunde gelangweilt und in Zeitdruck.

Ein angemessenes Sprechtempo mit Sprechpausen und entsprechender Dehnung eines Satzes oder Wortes, verbunden mit adäquater Betonung, sind optimale Voraussetzungen für die Verarbeitung von Informationen.

Durch die Sprache, als ein weiteres Werkzeug der Kommunikation des Menschen bzw. Kundenberaters, werden Wahrnehmungen und Gedanken in eine Lautäußerung übersetzt. Beim Kunden erfolgt die Rückübersetzung des Gesagten in Form von eigenen Gedanken, Vorstellungen und Verhalten. Die Sprache sollte immer zum Ziel haben, möglichst einfach und angenehm zu wirken. Damit erreichen wir eine wirksame Verständigung zwischen dem Kunden und seinem Kundenberater oder Verkäufer.

Folgende Prämissen sind für die Wirkung der Sprache von Bedeutung:

- die Prägnanz - die Beschränkung auf wesentliche Informationen
- das Sprechen von kurzen Sätzen – dadurch wird die Verständigung erleichtert. Schachtelsätze dagegen führen zu

Verständigungsschwierigkeiten und zu Irritationen - anschauliche Beispiele wie: Bilder, Grafiken u. a. helfen, die Sachverhalte besser darzustellen und erleichtern das Aufnehmen von Informationen
- Fremdwörter und Fachbegriffe erschweren die Rückübersetzung und sind häufige Ursachen für Missverständnisse

- Killerphrasen sollten grundsätzlich vermieden werden. Sie führen in den meisten Fällen der Verkaufsberatung zum Abbruch des Gespräches. (Beispiel: „Ich bin mehr Fachmann als Sie!" oder „Das geht nicht so!" oder „Das glaube ich Ihnen nicht!")

Die Körpersprache, als ein ebenfalls wichtiges Werkzeug der Kommunikation von Mensch zu Mensch, vom Berater/Verkäufer zum Kunden, wird von der Gestik, Mimik und der Körperhaltung bestimmt. Es handelt sich hier um eine Kommunikation ohne Worte. Sie äußert sich in der inneren Haltung des Menschen, die durch Bewegungen von Armen und Händen, durch Mienenspiel (Gesichtsausdruck), durch Gebärden (Zeichensprache) sowie Körperhaltung zum Ausdruck gebracht werden.
Untersuchungen haben ergeben, dass etwa 50% der Informationen eines Senders (z.B. Kundenberater) durch die unterbewusste Interpretation über Gestik, Mimik und Körperhaltung vermittelt werden. Damit ist sie ein wichtiges Element der Verständigung. Diese körpersprachlichen Signale im Falle eines Kundenberaters werden vom Kunden als Empfänger sehr genau wahrgenommen und meist auch verstanden. Steht das Gesprochene im Widerspruch zu der Botschaft des Körpers, dann entstehen Missverständnisse, die Glaubwürdigkeit wird in Frage gestellt, und es kommt zu Verhandlungsschwierigkeiten mit dem Kunden bis hin zum Abbruch des Beratungsgespräches.

Fazit: „Der Körper kann nicht lügen".

Deshalb sollte sich jeder Kundenberater/Verkäufer bemühen, die Übereinstimmung von Sprache, Stimme und Körpersprache herzustellen, denn nur so wirkt der Berater glaubhaft, ehrlich und vertrauensbildend.

Empfehlungen für eine wirksame Umsetzung der Körpersprache

1. Die Körpersprache mit ihren Bestandteilen Körperhaltung, Gestik und Mimik ist immer mit der inneren Haltung und den Gefühlen verbunden.
Haltung, Hände und Gesichtsausdruck bleiben dabei ruhig und entspannt und konzentrieren sich auf den Kunden.

2. Gestik und Mimik haben die Aufgabe, das gesprochene Wort durch Bewegung (Körperhaltung, Hand- und Mundbewegung), Gesichtsausdruck (Ausdruck der Begeisterung, der Entspannung und der Sympathie) verständlich zu machen oder zu unterstreichen.

3. Gestik und Mimik sollten grundsätzlich an passender Stelle und zur passenden Zeit Anwendung finden. Dabei ist darauf zu achten, dass sie nicht überdreht oder untertrieben artikuliert werden. Überdreht reagieren bedeutet, das Gesagte künstlerisch oder hyperbolisch zu überziehen. Untertrieben ist, wenn Hände und Gesichtsausdruck starr wirken und die Körperhaltung wenig Reaktionen zeigt. Anzustreben sind in jedem Fall natürliche Gesten.

4. Die Anwendung von Gestik und Mimik sind nur dann sinnvoll und effektiv, wenn sie im Einklang mit der Körperhaltung und dem Redeinhalt stehen. Es wäre falsch, wenn z.B. der Kundenberater in Worten Optimismus und Begeisterung ausstrahlt und seine Gestik und Mimik von ballenden Fäusten und bösen Gesichtsausdrücken gekennzeichnet sind oder einen schläfrigen Eindruck vermitteln.

5. Neben dem bereits Gesagten, sollte der Blickkontakt nicht vergessen werden. Die Augen geben der Gestik und Mimik ihre besondere Aufmerksamkeit und Wirkung. Beim Blickkontakt schweifen die Augen nicht ziellos oder suchend umher, sondern sind ständig auf den Partner gerichtet, ohne ihn dabei zu fixieren. Fehlender Blickkontakt wird vom Gesprächspartner/Kunden als mangelnde Aufmerksamkeit oder auch als Unsicherheit des Beraters angesehen. Natürlich wird der Kundenberater oder Verkäufer nicht ständig den Kunden ansehen, denn der Blickkontakt ändert sich, wenn der Berater dem Kunden am Objekt Erläuterungen gibt oder sich Notizen macht u. a. m.. Dieser Blickkontaktwechsel wird vom Kunden akzeptiert und auch als wohltuend empfunden. Wichtig ist, mit den Augen ständig die Reaktionen des Kunden zu beobachten und auf ihn positiv einzuwirken.

|Merken Sie sich, „Augen lügen nicht", „Augen sind das Fenster zur Seele".|

Noch einige wichtige Formulierungen zur Körpersprache

Gedanken und Gefühle kommen aus dem Inneren, und sie strahlen auch nach außen aus, ob gewollt oder ungewollt. Die körpersprachliche Wahrnehmung, die Signale, die wir zeigen und die wir von anderen Menschen erhalten, unterstreichen den Eindruck einerseits und die Reaktion auf das gesprochene Wort anderseits.

Die Ausstrahlung und Begeisterung dagegen zeigen sich im Erlebnis. Persönliche Ausstrahlung und Begeisterung muss gelebt werden. Die Lebendigkeit, Motivation und Dynamik sind in den Augen des Menschen zu erkennen. Ein Lächeln, das vom Herzen kommt, ergreift auch das Herz des anderen.

Sie werden jetzt die Frage stellen, was kann ich als Berater/Verkäufer persönlich tun, um meine Ausstrahlung und Begeisterung zu verstärken?

Dazu einige Tipps:

1. Nehmen Sie sich vor dem Kunden- oder Verkaufsgespräch einige Minuten Zeit für die Entspannung. Nutzen Sie diese Zeit, um in Gedanken Ihre eigenen Vorstellungen zum Gespräch vor Ihrem geistigen Auge ablaufen zu lassen.

2. Glauben Sie an sich selbst, an Ihre Stärken, an Ihre Kompetenz, an Ihren Willen und an Ihre Selbstsicherheit. Stimulieren und begeistern Sie sich an Ihren Erfolgen, an Ihrem Image, das Sie besitzen. Denken Sie an die schönen Tage Ihres Lebens.

3. Schöpfen Sie immer wieder neue Kraft durch Entspannung, wie Sport, Training, Theaterbesuche u.a.m.

4. Schaffen Sie sich ein Gefühl der inneren Ausgeglichenheit und Zufriedenheit. Wenn Sie als Berater im täglichen Geschehen gestresst und gereizt wurden, nutzen Sie den Feierabend für einen harmonischen Ausgleich. Vergessen Sie die Arbeit, indem Sie sich sportlich betätigen, Ihren Hobbys nachgehen oder andere, für Sie angenehme Dinge verrichten.

5.3.4.2 Psychologische Kenntnisse

Welche psychologischen Anforderungen ergeben sich im Konkreten an den Kundenberater, an das Verkaufspersonal und an den Chef eines Klein- und Mittelunternehmens?

Jeder Kundenberater oder Verkäufer sollte die Fähigkeit besitzen, auf psychologische Vorgänge, die sich in der Kundenberatung oder im Verkauf ergeben, Einfluss zu nehmen. Das setzt wiederum Wissen und Erfahrungen voraus, um erfolgreich tätig zu sein.

Einige wichtige Tipps können helfen, psychologische Aspekte in der Beratertätigkeit oder im Verkauf besser zu erkennen und die entsprechenden Handlungsstrategien auf die Spezifik des Kunden auszurichten.
Eine der wichtigsten psychologischen Anforderungen ist die Menschenkenntnis eines Beraters / Verkäufers. Hier bestehen, nach Erfahrungen in der Praxis, zum Teil ein Mangel an Voraussetzungen und ein relativ großer Nachholbedarf in Fragen der Kundenpsychologie. Das liegt zum Teil darin begründet, dass Kundenberater oder Verkäufer in der Aus- und Weiterbildung nur wenig mit psychologischen Inhalten konfrontiert werden. Dabei ist jedoch die Kundenpsychologie eines der wichtigsten Anliegen für eine erfolgreiche Kundenberatung oder einen erfolgreichen Verkauf. Ein Kundenberater oder ein Verkäufer mit wenig Wissen und Erfahrungen über die Psyche des Kunden hat es schwer, insbesondere mit „Problemkunden" ein erfolgreiches Gespräch zu führen. Dagegen sind psychologisch erfahrene Berater / Verkäufer besser in der Lage, den Charaktertyp des Kunden auszumachen, auf sein Verhalten einzuwirken und Kundenkonflikte erfolgreich zu meistern.
Menschenkenntnis bedeutet, dass sich der Berater oder Verkäufer ein annäherndes Bild über den Gesprächspartner/Kunden macht und zwar über sein Verhalten, seine Gestik, Mimik und Körperhaltung und Rhetorik.

Machen Sie sich einen ersten Eindruck über den Kunden, in dem Sie sich folgende Fragen stellen:

• Ist sein Verhalten: freundlich, ruhig, nett, zuvorkommend usw. oder gegenteilig?
• Ist seine Sprache: klar, verständlich, sachkundig usw. oder gegenteilig?
• Ist seine Stimme: angemessen, wohltuend, angenehme Stimmlage usw. oder gegenteilig?
• Ist sein Gesichtsausdruck: entspannt, freundlich, sympathisch usw. oder gegenteilig?
• Ist sein Augenkontakt: aufmerksam, vertrauensvoll, zielorientiert usw. oder gegenteilig?

Haben Sie den Kunden durch die Beantwortung der gestellten Fragen näher kennen gelernt und sich einen intuitiven Eindruck verschafft, wird es Ihnen leichter fallen mit dem jeweiligen Kundentyp (Verhaltenseigenschaften des Kunden) zu verhandeln.

Die nachfolgenden Hinweise und Groborientierungen sollten nicht als „Patentrezept" aufgefasst werden, sondern sind nur als Anleitungshilfen für Ihre Kundenberatung zu sehen.

Einige Beispiele:

- Ist ein Kunde unentschlossen und unsicher, dann zeigen sich bei ihm Symptome wie Ratlosigkeit und Unentschlossenheit in der Entscheidungsfindung, wie z.B.: „Ich weiß nicht genau, für welches Produkt ich mich entscheiden soll". oder „Wozu würden Sie mir raten?".

  <u>Hilfen:</u> Erfahren Sie die genaue Ursache, warum er so unentschlossen ist. Helfen Sie ihm bei der Kaufentscheidung durch nutzenbezogene Produktdemonstration. Sagen Sie ihm, welche Servicemöglichkeiten Sie ihm einräumen (Preiskulanz, Produktbetreuung, Umtauschmöglichkeiten, etc.). Erklären Sie ihm, dass viele Kunden mit dem Produkt zufrieden sind, vor allem: Warum?

- Ist der Kunde arrogant, dann ist er in seinem Wesen und Äußerungen von sich eingenommen. Er wirkt überheblich in seiner Rhetorik, er ist ein „Besserwisser", er ist der „Tüchtigste und Erfolgreichste" usw.

  <u>Hilfen:</u> Nicht in die Opposition gehen und zum Widerspruch herausfordern. Bleiben Sie höflich, vermitteln Sie ihm das Gefühl der Anerkennung. Gehen Sie auf seine Sonderwünsche oder Extras ein. Bieten Sie ihm Spitzenqualität an, das fördert und stimuliert seine Kaufbereitschaft.

- Ist ein Kunde misstrauisch und zurückhaltend, dann hat er sicherlich schon schlechte Erfahrungen mit dem Kauf eines Produktes gemacht. Er wurde vielleicht vom Kundenberater schlecht informiert oder das Produkt hat das Versprechen nicht gehalten, er ist enttäuscht worden.

  <u>Hilfen:</u> Schaffen Sie Vertrauen, zeigen Sie Verständnis. Nehmen Sie sich Zeit für die Argumentation. Erläutern Sie ohne Übertreibung den Nutzen und die Vorteile des Produktes. Lassen Sie ihm wichtige Aspekte wiederholen. Geben Sie ihm Hinweise für mögliche Umtausch- und Garantieleistungen.

- Ist ein Kunde bescheiden, dann liegt es meistens daran, dass er mit seinem Einkommen sparsam umgehen muss. Er möchte möglichst für sein Geld ein gutes Produkt bekommen. Er vergleicht die Angebote anderer Unternehmen, um möglichst dasselbe Produkt preiswerter zu bekommen.

Hilfen: Verständnis dafür zeigen, preiswerte Alternativangebote vorstellen, Kosten- und Nutzensvorteile nennen. Auf Finanzierungskonditionen hinweisen, wie z.B. Kreditfinanzierung, Ratenkauf, Rabatte, Kulanz.

- Ist der Kunde schwerfällig und unbeholfen in der Entscheidung, im Begreifen. Er ist träge und ungeschickt.

Hilfen: In diesem Fall sollten Sie viel Geduld aufbringen. Nicht überheblich reagieren, sondern die einfache Sprache des Kunden sprechen. Wecken Sie das Gefühl des Vertrauens und des Verständnisses. Erläutern Sie ihm auf eine einfache Art und Weise das Produkt und seine Vorteile solange, bis er es verstanden und begriffen hat.

- Ist ein Kunde hartnäckig und unnachgiebig im Verhandeln um ein Produkt. Ist er hart im Nehmen, wenn es um Qualität oder Preis geht.

Hilfen: Bleiben Sie ruhig und sachlich. Verhandeln Sie geschickt und finden Sie Ansätze für zugängliche Momente. Beweisen Sie Ihre pädagogisch - methodische und sachkundige Überlegenheit, um ihn auf diese Weise zu überzeugen.
Wenn er trotzdem hartnäckig bleibt und Sie keinen Erfolg sehen, sollten Sie die Verhandlung abbrechen. Denn Zeit kostet Geld.

5.3.5 Erfolgsfaktor – Kundengewinnung professionell managen

Im Gegensatz zu Stammkunden, ist die Neukundengewinnung zeitaufwändig, teuer und risikobehaftet. Trotzdem liegt es im Interesse des Unternehmens, genau zu analysieren und herauszuarbeiten, welche Anzahl an Neukunden erforderlich ist, um Verluste, z.B. durch die Kundenabwanderung, wieder auszugleichen.
Da sich der Neukunde in den meisten Fällen zuerst sehr kritisch und zurückhaltend verhalten wird, sollte sich das Unternehmen auf diese Haltung entsprechend einstellen. Dazu gehören, neben einem guten Image des Unternehmens, Kundenberater, Verkäufer, eben alle, die daran beteiligt sind, sich auf diese Anforderungen vorzubereiten.
Hier sind nicht nur Rhetorik und Kompetenz gefragt, sondern auch die Psychologie. Es geht bei der Neukundengewinnung auch darum, psychologische Barrieren bei den Neukunden zu überwinden. Dazu sind Menschenkenntnisse, Kenntnisse über Verhaltenseigenschaften, rhetorische Fähigkeiten und Fachkompetenz bei allen, die mit der Neukundengewinnung zu tun haben, notwendig und zwingend erforderlich.

Nähere Ausführungen dazu siehe Erfolgsfaktor kundenorientierter Beziehungsaufbau **Punkt 5.3.3** zu diesem Erfolgsrezept.

Um Kunden für ein Unternehmen zu gewinnen, bieten sich unter anderem folgende Strategien an:

Eine erste Strategie wäre das Mehrwert- oder Zusatznutzensangebot. In diesem Fall liegt es am Kunden, ob er diesen qualitativen Mehrwert und Zusatznutzen auch als einen für ihn persönlichen Nutzen ansieht. Wenn ja, dann ist diese Strategie von Nutzen für die Neukundengewinnung. Allerdings muss diese zusätzliche Leistung auch für das Unternehmen kalkulierbar sein.

Eine zweite Strategie wäre das Angebot von Produkten und Dienstleistungen zu kostengünstigen Preisen. Diese Angebote sprechen insbesondere die preisorientierten Kunden an.
Auch hier gilt die Regel: Produkt und Leistungen müssen kalkulierbar sein. Diese Strategie hat nur dann Sinn, wenn eine große Stückzahl produzierter Produkte oder angebotener Dienstleistungen unter Beachtung der Rentabilität des Unternehmens abgesetzt werden können oder größere Folgeaufträge in Aussicht stehen.

Eine dritte Strategie wäre das Mischangebot. Diese Strategie setzt eine exakte Analyse der Anbieter aber auch der Nachfrage voraus. Weiterhin ist es von Bedeutung, ob auch die Nachfrage solcher Mischangebote auch bei den vorhandenen Stammkunden gefragt sind.

Welche Instrumente haben sich für die Neukundengewinnung bewährt?

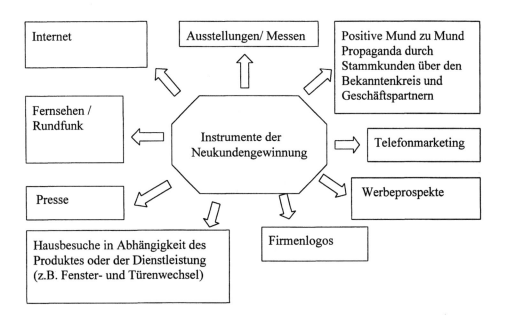

5.3.5.1 Kundengewinnung, dargestellt am Beispiel eines Sechsstufenmodells:

Zunächst ist festzustellen, dass jedes Unternehmen nur dann zu einem Neukunden kommt, wenn dieser zuvor ein Signal des Unternehmens empfangen hat. Dieser, zugegeben sehr banale, Denkansatz, ist die einzige Chance um Kunden zu gewinnen.

In der **allerersten Stufe** der Kommunikation muss ein Unternehmen alle Informationen zum Unternehmen und zum Leistungsangebot aussenden. Die Medien und deren differenzierte Erfolgschancen sollen in dieser Darstellung zunächst vernachlässigt werden.

Die **zweite Stufe** wird betreten, wenn ein Interessent diese Information zur Kenntnis nimmt. Die Wahrscheinlichkeit dafür ist äußerst gering. Egal welches Medium zur klassischen Werbung genutzt wird, die „Trefferquote" liegt fast immer unter 10%, ja sehr häufig sogar unter 3%.
Aus dieser Situation resultiert einerseits, dass der Erfolg der Werbung sehr viel Geld kostet oder andererseits auch abgelehnt wird, weil das Ergebnis nicht nennenswert ist. Die Wahrnehmung eines Angebotes heißt aber noch lange nicht, dass aus dem Interessenten ein aktiver Nachfragender wird.

Dieses wäre dann schon **die dritte Stufe** der Kommunikation.
Auf dieser ist nun wieder der Unternehmer gefragt. Jetzt kommt es auf sehr viele Faktoren an.
Die Erreichbarkeit ist z.B. ein entscheidender Faktor der Kommunikation überhaupt.

- Telefonische Erreichbarkeit ist auch in Abwesenheit rund um die Uhr gesichert, d.h. ein Anrufbeantworter, eine Umschaltung auf das Funktelefon, eine Mailbox ist geschaltet, falls das Funktelefon nicht gehört wird oder ausgeschaltet ist.

- Erreichbarkeit mittels Faxgerät ebenfalls Tag und Nacht. Es ist zu klären, ob die Fax-Funktion an den PC gebunden ist, dann muss dieser ständig eingeschaltet sein.

- Die E-Mail nimmt weiter an Bedeutung zu, da sie sehr kostengünstig ist und gute, aber auch einfache Kommunikationsmöglichkeiten bietet. Auch der Weg über die eigene Homepage kann von Vorteil sein, weil der Nachfragende sich dort bereits individuell informieren kann.

- Auch der persönliche Besuch des Interessenten ist häufig gewünscht und wird auch vom Unternehmer oft positiv gesehen, weil die Einflussnahme dadurch optimal wird.

Alle Kommunikationsmöglichkeiten müssen dem Nachfragenden den Eindruck von Kompetenz und Zuverlässigkeit vermitteln. Das schließt ein, dass Mailbox und E-Mail-Empfänger regelmäßig abgehört werden.

Schriftsätze über den Postweg oder per Fax müssen täglich bearbeitet werden, um die Reaktionszeiten möglichst gering zu halten bzw. den Wünschen des Nachfragenden schnell entsprechen zu können.

In dieser Phase der Akquisition von Neukunden ist jeder Mitarbeiter gefragt, der Kundenkontakt hat und es muss konzeptionell und strategisch agiert werden, um keinen möglichen Kunden zu enttäuschen.

Die Reaktion des Unternehmens auf die Nachfrage oder das Interesse eines möglichen Kunden wird nun seitens des Nachfragenden geprüft. Ist diese Prüfung positiv, kann **die vierte Stufe** der Kommunikation erreicht werden. Je nach Art der Leistung könnte nun ein Kauf erfolgen, der je nach Produkt, einen mehr oder weniger großen Beratungsbedarf notwendig macht. Dass die Verkaufs- und Beratungsqualität und die soziale Kompetenz des Handelnden diesen Teilprozess entscheidend beeinflusst, ist jedem klar.
In vielen Fällen, insbesondere im Handwerks- und Dienstleistungsbereich, ist ein Angebot zu erstellen und dieses mindestens einmal zu besprechen, bevor ein Auftrag ausgelöst wird. Auch in diesem Fall ist die umfassende Qualität des Angebotes ein wichtiger Schlüssel zum Erfolg. Findet der Nachfragende seine Wünsche und Bedürfnisse umfassend berücksichtigt, ist die Darstellung nachvollziehbar und eindeutig, spürt er eine positive Überraschung in der einen oder anderen Position des Angebotes, beinhaltet das Angebot alternativ wählbare Bausteine, Optionen für bestimmte Erweiterungs- oder Anschlussleistungen?
Diese Reihe könnte noch in einigen Bereichen präzisiert werden, entscheidend ist letztlich der Erfolg, also ein gewinnbringendes Geschäft. Dazu ist der gesamte Kernprozess im Unternehmen vom Erstkontakt bis zur Kundenzufriedenheitsanalyse transparent und nachvollziehbar sowie bewertbar zu gestalten.

Ist damit das höchstmögliche Niveau der Kundenkommunikation erreicht? Nein!

Die **fünfte Stufe** kann erreicht werden, wenn der Kunde ein weiteres Mal im Unternehmen kauft bzw. einen Auftrag auslöst. Das Wiederholungsgeschäft ist ein Indikator für einen aus Kundensicht positiven Verlauf der vierten Niveaustufe. Dessen Qualität erwartet der Kunde auch mindestens beim Zweitgeschäft. Unternehmen, die nur auf das schnelle Geschäft aus sind, erreichen meist die fünfte Niveaustufe nur selten. Diese arbeiten oft mit unausgebildeten, billigen Arbeitskräften, freuen sich über den schnellen EURO und unterschätzen den finanziellen und zeitlichen Aufwand, fast nur mit Erstkunden ein positives Betriebsergebnis erwirtschaften zu wollen.

Aber ist es nicht auch in diesen Fällen wichtig, umfassende Qualität zu leisten? Natürlich!

Ein Einfamilienhaus wird z.B. von einem Bauherrn nur einmal in Auftrag gegeben. Der zufriedene Bauherr wird aber in seinem Umfeld seine Erfahrungen weitergeben und der unzufriedene Bauherr wird dies noch viel intensiver tun.

Damit wird, im positiven Fall, der Kunde zum Multiplikator und das Unternehmen erreicht **die sechste und höchste Stufe** der Kommunikation. Es werden Empfehlungen gegeben, ohne dass ein Vertreter des Unternehmens anwesend ist.

Will man diese qualitativen Darstellungen durch quantitative Aussagen untersetzen, begibt man sich auf ein sehr heißes Pflaster, da die Kennziffern des Erfolges von Region zu Region, Branche zu Branche, Jahreszeit zu Jahreszeit und Jahr zu Jahr stark von einander abweichen können.
Das andere Extrem ist, gar keine Werbung zu machen, da man der Meinung ist, dass der Erfolg ja ohnehin nicht kommt.

Um dieses Spannungsfeld etwas auszuleuchten, wollen wir ein Szenarium betrachten, das die Situation realitätsnah darstellt.

Das Beispielszenarium geht davon aus, dass ein neu gegründetes Unternehmen mit der Verteilung von 12.000 Flyern in die Kundengewinnung einsteigt.

Erste Stufe: **Zum Beispiel 12.000 verteilte Flyer oder als Beilage zur Tagespresse als Info**

Zweite Stufe: **240 Leser haben Kenntnis genommen**
Das sind genau 2% der verteilten Informationen. 98% sind verpufft!

Dritte Stufe: **6 Reaktionen gehen im Unternehmen ein**
2,5% der Leser dieser Information beschließen zu reagieren!

Vierte Stufe: **3 davon kaufen bzw. erteilen Aufträge**

Fünfte Stufe: **2 dieser 3 Neukunden kaufen erneut**

Sechste Stufe: **Einer wird zum Stammkunden und Multiplikator!**

Ist dieses beispielhafte Szenarium nun als Erfolg zu bewerten?

Diese Frage kann natürlich erst beantwortet werden, wenn die dazugehörige Wirtschaftlichkeitsrechnung erfolgt ist.

Das bedeutet, es ist auch für diese Marketingaktivität eine Erfolgskontrolle nötig. Ein wichtiger Baustein zur Erfolgskontrolle ist die Nachvollziehbarkeit der erfolgten Reaktionen. Es kommt also darauf an, die Rückverfolgbarkeit zum Flyer bzw. zur Presseinformation sicherzustellen. Ob dies durch einen Gutschein, Rabattanspruch oder nur durch einen nicht im Preis zu berücksichtigenden Zusatznutzen ist, ist eigentlich egal. Wichtig ist nur, dass er eindeutig zugeordnet werden und damit der Erfolgskontrolle dienen kann.

Nehmen wir an, die Flyeraktion hätte Kosten in Höhe von 1.160,00 €, brutto verursacht. Die Vorbereitung der Geschäftsanbahnung für 6 Nachfragende hat 5 Arbeitsstunden a 40,00 € also 200,00 €.

Die Nachkalkulation der drei Aufträge ergab unter Berücksichtigung aller zuzuordnenden, auch anteiligen Kostenpositionen, insgesamt einen Gewinn vor Steuern von 2.000,00 €.
Bei einem Steuersatz von 25% wäre das Szenarium sogar schon bis zur vierten Niveaustufe positiv zu bewerten.

Sollte die Bewertung bis zu dieser Niveaustufe negativ sein, muss natürlich in jedem Fall weiter recherchiert werden. Es könnte zum Beispiel durch die beiden Wiederholungskunden oder erst durch die Multiplikation dieses Stammkunden zu einem positiven Ergebnis kommen. Auch dann ist die Aktion noch positiv zu bewerten. Die Analyse zur Verbesserung ist in jedem Fall nötig.

Selbst wenn die erste Aktion dieser Art negativ verläuft, ist es noch lange nicht gesagt, dass Aktionen dieser Art in dieser Region nie ein positives Ergebnis erbringen können.
Der Erfolg hängt von sehr vielen Faktoren ab, die nur bedingt beeinflussbar sind

Einige ausgewählte Faktoren seien hier ohne Berücksichtigung der Rangfolge genannt:
- Wahl des Verteilermediums (Tageszeitung, Anzeigenblatt)
- Übereinstimmung der Leserschaft mit der gewünschten Zielgruppe
- Qualität bzw. Marktanteil des Mediums in der Zielregion
- Selbst die Qualität des Zeitungsboten spielt eine Rolle
- Anzahl, der an diesem Tag parallel zu verteilenden Beilagen
- Welches Format haben diese Beilagen?
- Welchen Wirtschaftszweig bedienen die anderen Beilagen?
- An welchem Wochentag werden sie verteilt?

Die hier genannten Faktoren beziehen sich nur auf das Verteilermedium und das dort zu nutzende Management.

Aber der Flyer selbst trägt natürlich auch wesentlich zum Erfolg bei. Welche optischen Einflussfaktoren spielen dabei eine Rolle?

- Format im Vergleich zum Trägermedium und den anderen Beilagen
- Material des Flyers, ggf. kleiner Gebrauchswert (z.b. als Tüte)
- Optische Gestaltung, Farbdarstellung, LOGO (Firmenzeichen)
- Druckqualität, Übersichtlichkeit, Lesbarkeit, Blickfang
- Bildhafte, lebendige Darstellungsform mit gezielter Fokussierung

Neben den optischen Faktoren, die als erstes auf den Leser wirken, ist dann natürlich der Inhalt sehr wesentlich.

- Wenig Text in übersichtlicher Form bringt den besten Erfolg
- Keine langen Sätze, sondern wenige, kurze prägnante Stichpunkte, die mit geringem Konzentrationsaufwand des Lesers erfasst werden können
- Ansprache des Lesers durch Darstellung der Vorteile und des Zusatznutzens, die der Kunde in der „Sie haben mit..." Formulierung hat
- Bilder und Grafiken zur Erleichterung der Erfassbarkeit des Inhaltes Angebot bzw. Formulierung zur Rückverfolgbarkeit und Erfolgsanalyse nicht vergessen
- Inhaltliche Anbindung an übergreifende, aktuelle Industriewerbung ist empfehlenswert

Auch die Einbeziehung von Geschäftspartnern oder bekannten Persönlichkeiten ist in einigen Fällen durchaus Erfolg versprechend.

- Aufdruck von Lieferantenlogos nach Absprache und ggf. auch Kostenbeteiligung
- Der Erfolg dessen ist vom Bekanntheitsgrad, Image und der Aktualität, sowie der Intensität der Beziehung zum Produkt bzw. zur Leistung abhängig
- Die beste Wirkung wird durch zeitlich überlappende Werbung in anderen Medien (Radio, Fernsehen) erreicht
- Einbeziehung bzw. Referenz einer regional oder auch überregional bekannten und zur Zielgruppe passenden Persönlichkeit ist auch dafür gut geeignet und kein Privileg von Großunternehmen
- Auch eine Gemeinschaftswerbung in Form eines Flyers kann erfolgreicher sein als Einzelmaßnahmen, insbesondere dann, wenn der Interessent dadurch einen Nutzen erkennen kann

Schließlich sollte die Reaktion, die Kontaktaufnahme des Interessenten mit dem Unternehmen, so leicht wie möglich gemacht werden.

Es sollten alle „Rückwege" ermöglicht werden, also sind

- Adresse ggf. mit Wegeskizze für den Besucherweg
- Festnetz- und Funktelefonnummer mit Ansprechpartner
- Internetzugang (Homepage) und/oder E-Mail-Adresse
- Fax-Nummer und weitere Hinweise, die den Sofortkontakt erleichtern könnten, hinzuzufügen.

6. Erfolgsrezept: Motivierte und zufriedene Mitarbeiter halten das Unternehmen „fit"

6.1 Motivation

Motivation und Arbeitszufriedenheit stehen unmittelbar im Konnex. Beide, sowohl die Motivation als auch die Arbeitszufriedenheit, sind primär eine Frage des Führungsstils eines Unternehmens.
Die Unternehmenspraxis bestätigt es immer wieder, dass motivierte und arbeitszufriedene Mitarbeiter bessere Arbeit leisten, weniger krank sind, Freude an der Arbeit haben, mit dem Unternehmen eng verbunden sind und nicht zuletzt eine kundenfreundliche Haltung einnehmen.
Oft geht der Auftrag von der Unternehmensleitung an die Mitarbeiter „Gehen Sie motiviert an Ihre Arbeit."; oder „Erledigen Sie Ihre Arbeit so, dass der Kunde begeistert und zufrieden ist."; oder von der unteren Leitungsebene hört man oft den Auftrag an den Vorarbeiter oder Meister: „Motivieren Sie Ihre Leute besser!".
Die Praxis spricht dagegen eine andere Sprache und besagt, dass derartige Aufträge oder Befehle indolent und wirkungslos sind. Einstellungen, Haltung und Handlungen können nicht aufgezwungen werden. Sie können nur durch die Schaffung von inneren und äußeren Überzeugungen, Bedingungen und Voraussetzungen angeregt und entwickelt werden.

Die wichtigsten Wirkungsmechanismen der Motivation hängen im wesentlichen von drei wichtigen Faktoren ab:

1. von der positiven Einstellung und Haltung der Mitarbeiter zu sich selbst und zum Unternehmen
2. von der Befriedigung der Bedürfnisse der Beschäftigten
3. von der mitarbeiterbezogenen Führungsqualität

Alle drei Faktoren sind eng miteinander verknüpft, wobei die inneren Triebfelder der Motivation die primäre Rolle und Bedeutung in der Umsetzung und der Wirkung der Motivation auf die Mitarbeiter einnehmen.
Während die äußere Motivation eine Änderung des Verhaltens zum Ziel hat, geht es dagegen bei der inneren Motivation um die Einstellung der Mitarbeiter zu sich selbst, zur Arbeit und zum Unternehmen.
Da von der inneren Einstellung des Mitarbeiters sich sein Verhalten entwickelt, ist es um so wichtiger, hier die wirksamen Impulse von Seiten der Unternehmensleitung zu setzen, mit dem Ziel, die Mitarbeiter anzuspornen und zu motivieren, eine positive innere Einstellung und Haltung zu sich selbst und zur Arbeit einzunehmen.
Damit wäre das eigentliche Ziel, gute Arbeit zu leisten und sich mit dem Unternehmen zu identifizieren, sowie das Image würdig nach außen zu vertreten, erfüllt.

Dazu sind aber wichtige Bedingungen, Vorraussetzungen und Einflussgrößen zu schaffen, die diesen Motivationsprozess unterstützen und weiter vorantreiben.

Die Motivationspsychologie im Unternehmen zeigt sich zum einem in der Motivation der Mitarbeiter für eine positive Einstellung zur Arbeit und zum anderen in der Befriedigung der Bedürfnisse der Beschäftigten. Die Motivation der Mitarbeiter ist insbesondere aus der Sicht des Konkurrenzkampfes und der schlechten Konjunkturlage eines der Hauptprobleme der Unternehmensführung geworden. Erfahrungen der Vergangenheit und der Gegenwart beweisen, dass motivierte Mitarbeiter weitaus besser in die Lage versetzt werden:

- mehr Verantwortung zu übernehmen
- positive Einstellung zur Arbeit zu haben
- hohe Leistungen zu vollbringen
- gute Qualitätsarbeit zu leisten und
- das Image des Unternehmens positiv zu vertreten.

Der Leitsatz der Unternehmensleitung sollte deshalb lauten, nicht durch Disziplin und Gehorsam das Verhalten der Mitarbeiter zum Erziehungsziel zu machen, sondern vielmehr durch eigene Vorbildwirkung, durch Begeisterung und durch kooperatives Verhalten auf die Mitarbeiter Einfluss zu nehmen. Nur dann gelingt es, das Verhalten der Mitarbeiter im Sinne der Unternehmungsziele zu steuern.

Fazit: Nur ein begeisterter und motivierter Vorgesetzter kann Vorbild sein und sein Team begeistern und motivieren, wenn er auf die Bedürfnisse, Interessen und Motive am Arbeitsplatz eingeht und diese im Handeln umsetzt.

Aus dieser Erkenntnis heraus ergeben sich wichtige Ansätze für die Lösung von Problemen im Motivationsmanagement eines Unternehmens.

Hier sollten die wichtigsten genannt werden:

1. Die Vorgesetzten im Unternehmen sollten Vorbildwirkung ausstrahlen und möglichst hoch motiviert sein. Wenn das der Fall ist, springt auch der Funke auf die Mitarbeiter über. Sie werden motiviert und engagiert.

2. Es gilt, die Arbeitszufriedenheit der jeweiligen Mitarbeiter zu ermitteln, um damit anstehende Fragen und Probleme des Unternehmens zu lösen und gleichzeitig materielle und moralische Anreize zu schaffen, die den Interessen entgegenkommen und dem Verhalten der Mitarbeiter neuen Aufschwung verleihen.
Im Mittelpunkt dabei steht eine bessere Identifizierung der Mitarbeiter mit

dem Unternehmen, damit die persönlichen Ziele und Interessen mit denen des Unternehmens abgestimmt und in Übereinstimmung gebracht werden.

3. Zeigen Sie als Unternehmensleitung Ihren Mitarbeitern, dass sie geschätzt werden. Arbeiten sie mit Lob und Anerkennung. Kleine Aufmerksamkeiten, Gratulationen und Geschenke zu besonderen Anlässen wie Geburtstage, Jubiläen, etc. spornen Ihre Mitarbeiter an und motivieren zu Höchstleistungen.

4. Die Mitarbeiter sollten in bestimmten, möglichst regelmäßigen Abständen über Ergebnisse, Probleme und anstehende Umstrukturierung und andere Maßnahmen informiert und in Entscheidungsprozesse einbezogen werden. Dadurch werden Mitbestimmung, Eigeninitiative, Vertrauen und Arbeitsmoral geweckt und gestärkt.

5. Es ist von außerordentlicher Bedeutung, wenn den Mitarbeitern von seiten der Unternehmensleitung Freiräume für eigenverantwortliches Handeln und Autonomie für eigene Entscheidungen, im Rahmen der Zielvorgaben, gewährt werden. Denn Streben nach Selbstverwirklichung jedes einzelnen ist eines der wichtigsten Prinzipien. Damit werden auch gleichzeitig die Triebkräfte der vollen Entfaltung der persönlichen Fähigkeiten, Fertigkeiten und Eigeninitiative der Mitarbeiter aktiviert, die letztlich für das Unternehmen von außerordentlicher psychologischer und ökonomischer Bedeutung sind.

6. Neben den bereits erwähnten Motivationsparametern ist eine aktive Pflege und Förderung des Unternehmensklimas von hoher Relevanz.
   Dazu zählen:
   - ehrlicher und vertrauensvoller Umgang mit- und untereinander
   - Schaffung einer offenen und hilfsbereiten Zusammenarbeit
   . der Leitung des Unternehmens mit den Mitarbeitern
   - regelmäßige Analyse der Arbeitszufriedenheit der Mitarbeiter, insbesondere der Probleme am Arbeitsplatz und im privatem Bereich
   - Einhaltung von Versprechungen, Absprachen und Zusagen im Arbeitsprozess selbst, in der Lohnpolitik, der moralischen Stimulierung, der persönlichen Entwicklung und anderen Schwerpunktaufgaben.
   - funktionierende Kommunikationswege zum Unternehmen, die im Qualitätsmanagementsystem festgeschrieben sind.

7. Ein weiteres Motivationselement ist die gezielte umfassende Wahrnehmung der Unternehmensleitung für eine bessere Nutzung des Potentials von Wissen, Können und Fähigkeiten der Mitarbeiter. Dabei sollte überprüft werden, wer von den Mitarbeitern überfordert und wer unterfordert ist.
   Denn Überforderung führt letztlich zur Demotivation, Unterforderung dagegen

zur Unzufriedenheit und eingeschränktem Freiraum für die Entfaltungsmöglichkeiten im Sinne der Nutzung von vorhandenem qualitativen und quantitativen Leistungsvermögen der Mitarbeiter.
Weiterhin ist es auch wichtig, Möglichkeiten für eine weitere Qualifizierung der Mitarbeiter zu schaffen. Diese sollte gezielt und in Übereinstimmung mit dem Mitarbeiter geplant und verbessert werden.
Von Bedeutung sind dabei:

a) die innerbetrieblichen Qualifizierung, wie:
   - Erfahrungsaustausch, Erfahrungsvermittlung
   - Ideen- und Innovationskonferenzen
   - Nutzung überbetrieblicher Erfahrungen
   - Förderung der Selbstfortbildung

b) die außerbetriebliche Weiterbildung, wie:
   - Sicherung des Nachwuchses über Lehrlingsausbildung
   - Arbeitsplatzbezogene Aneignung von Wissen und Fähigkeiten über die Weiterbildung
   - Nachwuchsausbildung für Leitungsfunktionen entsprechend dem vorgesehenen Einsatz
   - spezifische Kundenberaterweiterbildung entsprechend des Einsatzes vor Ort
   - Nutzung von Exkursionen, Ausstellungen, Messen für die Kenntniserweiterung

6.2 Arbeitszufriedenheit

Die Mitarbeiterzufriedenheit eines Unternehmens hat auch einen großen Einfluss auf den persönlichen Kontakt zum Kunden. Sind die Mitarbeiter von ihrem Unternehmen begeistert und motiviert, geben sie diese Begeisterung und Motivation durch Hilfsbereitschaft, Freundlichkeit und fachliche Kompetenz an die Kunden weiter. Steht hinter dieser Begeisterung und Motivation auch die Produktqualität des Unternehmens, dann fällt es dem Kunden leicht, sich für dieses Unternehmen zu entscheiden.
Er ist überzeugt von der Einheit der Mitarbeiterzufriedenheit und der Produktqualität. Damit ergibt sich eine enge Wechselbeziehung zwischen Arbeitszufriedenheit der Mitarbeiter und der Kundenzufriedenheit.
Die Umsetzung dieser Beziehungsprozesse im Denken und Handeln der Unternehmensleitung stellt eine der wichtigsten Ressourcen des Unternehmens dar.

Da die Arbeitszufriedenheit als wichtiger Motivationsfaktor einen dominierenden Platz im Unternehmen einnimmt, sollten in regelmäßigen Abständen schriftliche Umfragen oder Belegschaftsversammlungen oder Workshops zur

Mitarbeiterzufriedenheit durchgeführt werden. Diese Umfragen versetzen die Unternehmensleitung in die Lage, den Prozess der Meinungsbildung in ihrem Unternehmen zu erforschen und entsprechend zu reagieren. Aus den Umfragen können die Meinungen detailliert erfasst, ausgewertet und entsprechende Schlussfolgerungen abgeleitet werden.

Folgendes Modellbeispiel soll helfen, Befragungen in einem Unternehmen durchzuführen. Die Fragestellungen sind auf aktuelle und problemorientierte Schwerpunkte gerichtet. Das Befragungsmodell ist methodologisch aufgebaut und recht einfach in der Auswertung.
Die Bewertung der Fragen von seiten der Befragten wird in folgende 4 Skalen festgelegt:
    Skala 1 (sehr gut)
    Skala 2 (gut)
    Skala 3 (weniger gut)
    Skala 4 (schlecht)

Jede Fragestellung wird von den Befragten nur einmal mit einem X in die jeweiligen Skalenfelder eingetragen. Bei der Auswertung der Befragung wird dann der Durchschnittswert ermittelt, nach dem die einzelnen Skalenwerte durch die Anzahl der Befragungsteilnehmer dividiert werden.

Der Skalendurchschnitt ist nur ein Mittel für die Vergleichbarkeit innerhalb von Abteilungen/Bereichen, aber auch zu anderen Unternehmen.
Da dieser noch nichts Konkretes zu einzelnen Problembereichen im Unternehmen aussagt, sollten die einzelnen Fragen in ihrer Bewertung und Wichtung näher beleuchtet werden. Dadurch wird die Unternehmensleitung besser in die Lage versetzt (wenn z.B. ein großer Anteil der Bewertung in der Skala 3 oder 4 angekreuzt wurde), differenzierte Einschätzungen vorzunehmen und gleichzeitig Maßnahmen einzuleiten, um die Arbeitszufriedenheit im jeweiligen Problem- und Befragungsbereich zu verbessern.

Die Bewertung der Fragen von seiten der Befragten wird in folgende 4 Skalen festgelegt: Skala 1 (sehr gut)
Skala 2 (gut)
Skala 3 (weniger gut)
Skala 4 (schlecht)
Kurze v.B. = Kurze verbale Bewertung der Einzelfragen

Fragestellungen:	Bewertung: nur einmal X				
	Skala 1	Skala 2	Skala 3	Skala 4	Kurze v.B.
1. Befriedigt Sie die derzeitige Arbeitsaufgabe (Arbeitsinhalt)?					
2. Wird Ihre Tätigkeit von der Unternehmensleitung anerkannt (z.B. Lob, Prämie, etc.)?					
3. Wie bewerten Sie Ihr eigenverantwortliches Handeln?					
4. Sind Sie in Ihrer Tätigkeit überfordert?					
5. Sind Sie in Ihrer Tätigkeit unterfordert?					
6. Wie schätzen Sie derzeitig die zwischenmenschlichen Beziehungen ein?					
7. Wie ist die Teamarbeit ausgeprägt? (Kollektive Zusammenarbeit)					
8. Wird Ihnen die Möglichkeit der eigenen und betrieblichen Weiterbildung eingeräumt?					
9. Gibt es Übereinstimmungen zwischen persönlichen und betrieblichen Interessen?					
10. Wie werden Konflikte gelöst?					
11. Werden Ihre Ideen und Vorschläge gehört und anerkannt?					

12. Werden Sie von der Unternehmensleitung regelmäßig über anstehende Probleme und Fragen informiert (z.B. über Umstrukturierung, über Finanzierungsprobleme)?					
13. Werden Sie in wichtige Entscheidungsprozesse der Unternehmungsleitung einbezogen?					
14. Schätzen Sie Ihren Arbeitsplatz als sicher ein?					
15. Ist Ihre Leistung dem Verdienst (Lohn) angepasst?					
16. Wie ist die Fachkompetenz Ihres Vorgesetzten?					
17. Wie ist die Vorbildwirkung der Unternehmensleitung gegenüber den Mitarbeitern?					

Hinweis: Von den Teilnehmern wird nur einmal die Beantwortung der Frage angekreuzt = X, Skala 1, oder Skala 2, oder Skala 3, oder Skala 4.
                                     mit der   mit der   mit der   mit der
                                     Note 1   Note 2   Note 3   Note 4

Beispiel für die Auswertung einer Befragung

20 Mitarbeiter des Unternehmens nahmen an der Befragung teil. Es waren 17 Fragen zu beantworten.

Die 17 Fragen wurden von den 20 Mitarbeitern wie folgt bewertet:

Mitarbeiterbefragungen (= die Anzahl der bewerteten Fragen von 1-17)

    40 Mitarbeiterbefragungen mit der Note 1
   100 Mitarbeiterbefragungen mit der Note 2
   160 Mitarbeiterbefragungen mit der Note 3
    40 Mitarbeiterbefragungen mit der Note 4

Die Anzahl der Mitarbeiterberfragungen werden anschließend mit dem Skalenwert multipliziert.

Die Anzahl der Mitarbeiterbefragungen = 40 x dem Skalenwert 1 = 40
Die Anzahl der Mitarbeiterbefragungen = 100 x dem Skalenwert 2 = 200
Die Anzahl der Mitarbeiterbefragungen = 160 x dem Skalenwert 3 = 480
Die Anzahl der Mitarbeiterbefragungen = 40 x dem Skalenwert 4 = 160
Gesamt: Mitarbeiterfragen = 340   Gesamtwert = 880

Danach werden die Gesamtskalenwerte durch die gesamte Anzahl der Mitarbeiterfragen dividiert.

$$\frac{880}{340} = 2,59$$

Der Durchschnitt- bzw. Mittelwert beträgt 2,59 = ein zufriedenstellender Mittelwert

Möchte man den Durchschnittswert einer Fragestellung ermitteln, die z.B. schlechter bewertet wurde, dann sind die Skalenwerte der befragten Mitarbeiter zu multiplizieren und durch die Anzahl der befragten Mitarbeiter (20) zu dividieren.

Beispiel: Fragestellung 1

4 Mitarbeiter bewerten die Frage mit der Skala 2 = 8
10 Mitarbeiter bewerten die Frage mit der Skala 3 = 30
6 Mitarbeiter bewerten die Frage mit der Skala 4 = 24
20 = Gesamtzahl der befragten Mitarbeiter   62 = der Gesamtwert

Ermittlung des Durchschnittswertes = $\frac{62}{20}$ = 3,10

3,10 = ein befriedigender Durchschnittswert.

Die Ergebnisse der Mitarbeiterbefragungen sind in diesem Fall als befriedigend zu beurteilen.
Der überwiegende Anteil der befragten Mitarbeiter hat die Fragen mit den Noten 2 und 3 bewertet. Wichtig für die Unternehmensleitung ist es, den Teil der Mitarbeiter genauer zu analysieren, die mit der Note 3 und 4 die Fragen bewertet haben. Dazu sollten die einzelnen Fragen, unter Berücksichtigung der verbalen Bewertung, genau analysiert und ausgewertet werden.

Durch diese Methode der Analyse und Auswertungen können genaue Aufschlüsse gegeben werden, wo noch Schwachstellen vorhanden sind, die in Zusammenarbeit mit der Leitung des Unternehmens und den Mitarbeitern aufgedeckt und beseitigt werden sollten.
Die Diskussionen darüber sollten mitarbeiterfreundlich und problemlösend geführt werden.
Wird das Ziel im Sinne der Mitarbeiterzufriedenheit erreicht, kann mit einem weiteren Anstieg der motivierten und begeisterten Mitarbeiter gerechnet werden.

6.3 Zusammenfassung von Einflussgrößen auf die Motivation und die Arbeitszufriedenheit

Abschließend noch einmal in einer graphischen Darstellung die Zusammenfassung der Einflussgrößen auf die Motivation und Arbeitszufriedenheit der Mitarbeiter.

1. Darstellung: Einflussgrößen von der Unternehmensleitung

▼

Wertschätzung des Mitarbeiters als gleichberechtigten Menschen im Umgang, im Verhalten, in der Anerkennung und in der Beteiligung an Entscheidungsprozessen

▼

Gewährleistung sozialer Geborgenheit im Unternehmen

▼

Forderung und Förderung von Erfolgserlebnissen und deren Stimulierung

▼

Schaffung von Freiräumen für die Eigenverantwortung in der Auftragsrealisierung

▼

gemeinsame Vereinbarung von Zielstellungen

▼

Schaffung von Vorraussetzungen für ein angenehmes soziales und kollektiv- und teambezogenes Betriebsklima

▼

Vertrauen in das Unternehmen schaffen

▼

überschaubare und abgegrenzte Aufgabenverteilung schaffen

▼

Forderung und Förderung von Qualifizierungsmaßnahmen

▼

regelmäßige mitarbeitergerechte Informationen über Ergebnisse, Probleme und Strategien des Unternehmens

▼

Einbeziehung des Mitarbeiters in wichtige Entscheidungsprozesse

▼

gemeinsame Suche nach Fehlerquellen, z.B. im Qualitätsmanagement

▼

Schaffung von Leistungsanreizen und deren Stimulierung

▼

Vorbildwirkung durch die Unternehmensleitung in Wort und Tat, in der Einhaltung von Versprechen, in der Einstellung und im Verhalten zu sich selbst und zu den Mitarbeitern

▼

gerechtfertigte Lohnverhältnisse im Zusammenhang mit dem Leistungsprinzip

▼

Gewinnbeteiligung und sonstige persönliche Vergünstigungen entsprechend dem Leistungsergebnis des jeweiligen Mitarbeiters und dem Leistungsergebnis des Unternehmens

▼

Schaffung optimaler Arbeits- und Lebensbedingungen

2. Darstellung: | Einflussgrößen von den Mitarbeitern |

▼

positive Grundeinstellung, verbunden mit innerer Überzeugung zu sich selbst, zur Arbeit und zum Unternehmen

▼

zielstrebig und ehrgeizig die Aufgaben erfüllen

▼

flexibel und motiviert die Arbeit erledigen

▼

Anpassungsfähigkeit und ein ausgeprägtes Gruppenverhalten im täglichen Umgang mit Arbeitskollegen praktizieren

▼

sich täglich den neuen Anforderungen stellen

▼

bereit sein, Eigenverantwortung zu übernehmen und Selbständigkeit zu praktizieren

▼

das Image des Unternehmens und das eigene Image vorbildlich nach innen und nach außen durch eigene Qualitätsleistung repräsentieren

▼

sich permanent den neuen Anforderungen durch eigene und fremde Wissensaneignung stellen

6.4 Praxisbeispiel, wie die Leitung eines Unternehmens ihre Mitarbeiter motiviert und die Mitarbeiterzufriedenheit herbeiführt

Abschließend zu diesem Rezept ein Auszug aus dem Buch „Begeisterte und kompetente Kundenberatung", Kapitel 3, erschienen im Shaker-Verlag 2004.
Hier wird am Beispiel eines mittleren Unternehmens demonstriert, wie die Unternehmensleitung ihre Mitarbeiter motiviert und zur Begeisterung anregt.

Hier der Auszug:
Es ist immer dasselbe, ist der Firmenchef nicht motiviert und kann er keine Begeisterung auf die Mitarbeiter übertragen, bleibt auch die Begeisterung der Mitarbeiter aus.
Auch kann man immer wieder beobachten, dass Führungskräfte in einer Firma zwar oft ausgezeichnete Fachkräfte sind, aber wenn es darum geht, Mitarbeiter zu begeistern, dann kommt einfach nichts rüber, was motivieren und begeistern könnte. Den größten Fehler begehen Führungskräfte oft dadurch, dass sie ihre Untergebenen mit Überheblichkeit bzw. mit Arroganz behandeln. Nach dem Motto, hier bin ich, dann kommt lange nichts, erst dann kommen die lästigen Mitarbeiter.
Diese Situation tritt besonders dann auf, wenn Angestellte plötzlich in eine gehobene Position gelangen und nun mehrere Mitarbeiter unter ihrer Führung stehen. Es ist so wie im normalen Leben auch, Sie müssen immer zuerst das Herz ihrer Mitarbeiter gewinnen, damit auch eine Begeisterung ausgelöst werden kann.

Liebe Chefs und Vorgesetzte, Sie verlangen von ihren Mitarbeiter höchsten Einsatz zum Wohle des Unternehmens. Aber dieser verlangte Einsatz kann nur auf Dauer gefördert werden, wenn gerade Sie in jeder Beziehung ein Vorbild sind. Sie brauchen keinen Schmusekurs fahren, um Ihre Mitarbeiter zu motivieren, sondern einfach nur ein paar goldene Regeln beachten, die Ihnen Ihre Führungsaufgaben enorm erleichtern werden.
Denken Sie immer daran, dass Sie mit Menschen arbeiten, die auch wie Menschen reagieren. Gerade weil Menschen besonders über Gefühle ansprechbar sind, müssen Sie sich diese Eigenschaft zunutze machen und auf diese Weise ihre Mitarbeiter ständig stimulieren.
Eines der wichtigsten Instrumente für die Mitarbeiterführung ist wieder einmal ein nettes, ehrliches Lächeln. Es fällt doch gar nicht schwer, wenn Sie täglich zu Ihren Mitarbeitern ein paar nette, ernst gemeinte Worte sagen. Es gibt so viele Kleinigkeiten, die man mit zwei, drei Sätzen ansprechen kann. Bevor Sie lospoltern, weil gerade mal wieder ein Fehler passiert ist oder etwas nicht so gelaufen ist, wie Sie es sich vorgestellt haben, schalten Sie Ihren Verstand ein. Überlegen Sie einfach erst einmal die Worte, die Sie wählen werden, um Ihren Unmut los zu werden. Lospoltern und die Leute beschimpfen ist immer die einfachste Art, um sich abzureagieren. Denken Sie daran, reagieren Sie immer anders, als es von Ihren Mitarbeitern erwartet wird. Selbstverständlich können Sie kein Lob aussprechen,

wenn eine Sache durch einen Mitarbeiter versiebt wurde. Aber es gibt bestimmt positive Punkte, wo Ihr Mitarbeiter schon seinen guten Willen gezeigt hat und es nur noch an der Umsetzung fehlte. Sagen Sie doch Ihrem Mitarbeiter, was Sie für gut befinden, indem Sie erst einmal ein Lob aussprechen.
Anschließend sagen Sie: „Aber ich kann es einfach nicht verstehen, weshalb Sie dies oder jenes so gemacht haben". Geben Sie jedem eine Gelegenheit, sich zu rechtfertigen und fragen Sie zwischendurch mit dem einfachen Wort „warum".
Warum haben sie das so gemacht oder meinen Sie nicht auch, dass es besser gewesen wäre, wenn Sie es so oder so gemacht hätten. Lassen Sie unbedingt bei der negativen Kritik eine Tür offen, um gerade hier noch eine positive Wendung Ihres Mitarbeiters zu erlangen.
Glauben Sie mir, es hat Sie zwar eine gewisse Selbstüberwindung gekostet, hier den ruhigen Vorgesetzten zu spielen, obwohl Sie innerlich vor Wut kochten, aber denken Sie mal zurück an die Zeit, wo Sie selbst noch Angestellter waren. Wären Sie nicht auch dankbar gewesen, wenn Ihr Chef mit Ihnen so argumentiert hätte und Ihnen dadurch die faire Möglichkeit gegeben hätte, aus dem gemachten Fehler noch das Beste zu machen und diesen Fehler für die Zukunft abzustellen.
Bestimmt kommen jetzt einige Erinnerungen, wo Sie froh gewesen wären, wenn es so abgelaufen wäre und Sie nicht als Trottel der Firma dagestanden hätten.
Umgekehrt wären Sie bestimmt besser motiviert gewesen, den Fehler abzustellen und hätten alles darangelegt, Ihre positive Energie für den Chef weiter einzusetzen.
Das heißt nicht, dass Sie plötzlich alles für gut befinden sollen, was eigentlich schlecht ist. Nein, Sie haben nur an der Umsetzung Ihrer Wünsche gegenüber Ihren Mitarbeitern gearbeitet und haben mit geringem Aufwand Ihr Image gegenüber Ihren Mitarbeitern verbessert.
Fragen Sie auch mal Ihre Mitarbeiter nach deren Vorstellungen, wie ein Problem zu lösen wäre. Dabei sind schon tolle Ergebnisse erzielt worden, die keinen einzigen Euro gekostet haben und doch den Betriebsablauf und die Arbeitsmotivation verbessern konnten.
Auch Mitarbeiter, die ganz unten stehen, brauchen einmal ein gutes Wort vom Chef, sie werden es Ihnen danken, indem sie sich selbst positiv motivieren und begeistern. Behandeln Sie einen Menschen als Mensch und sprechen Sie immer das Unterbewusstsein der Gefühle an. Sie ernten dafür Dank und Vertrauen und einen positiven Einsatz Ihrer Mitarbeiter.
Auch wenn Ihre Arbeit schwer ist und Sie eigentlich keine Zeit haben für Motivationsgespräche, versuchen Sie einfach täglich, mit jedem Mitarbeiter, der Ihnen über den Weg läuft, ein paar nette unverbindliche Worte zu wechseln. Geben Sie jedem das Gefühl, dass er für Sie wichtig ist und sagen Sie Ihren Mitarbeitern auch einmal, dass Sie froh sind, dass sie in Ihrer Firma arbeiten.
Wenn Sie so etwas sagen, schauen Sie Ihren Mitarbeitern dabei in die Augen, damit sie merken, dass Sie auch meinen, was Sie sagen.

> Fazit: Wenn Sie es so angehen, begeistern Sie Ihre Mitarbeiter und diese werden Freude an der Arbeit haben, weil sie Anerkennung erhalten. Ein chinesisches Sprichwort heißt: „Wenn Du mich anlächelst, traue ich mich auch, zurück zu lächeln". Einfach und toll, beginnen Sie noch heute mit dieser Einstellung! Versuchen Sie Herzen zu öffnen, indem Sie den ersten Schritt unternehmen und gehen Sie auf Ihre Mitarbeiter zu. Lächeln Sie zuerst. Versuchen Sie Spannungen und Aggressionen abzubauen, indem Sie lächeln. Sie werden sehen, es wirkt. Die Mitarbeiter sind bereit, beste Leistung und Qualität zu erbringen.

7. Erfolgsrezept: Konsequente Umsetzung der Controllingmechanismen durch die Unternehmensleitung auf dem Gebiet der Finanzen und des Rechnungswesens

7.1 Grundlegende Bemerkungen

Das betriebliche Finanz- und Rechnungswesen ist die wichtigste Informationsquelle für die Unternehmensleitung zur Vermögens-, Ertrags- und Liquiditätssituation. Sie bildet die Grundlage, unter Einbeziehung der Buchführung, für die tägliche Planungs-, Leitungs-, Organisations- und Kontrollarbeit der Unternehmensleitung. Mit ihrer Hilfe lassen sich Zahlen und Fakten ermitteln, die die Geschäftsvorfälle und die betrieblichen Prozessabläufe widerspiegeln. Damit wird deutlich, dass das betriebliche Finanz- und Rechnungswesen ein fundamentales Anliegen aller Unternehmensleitungen ist und ohne ihre Instrumentarien es gar nicht möglich wäre, ein Unternehmen zu leiten, zu planen und zu kontrollieren.

Ein großer Teil der Geschäftsleitungen in den Unternehmen haben Schwierigkeiten mit dem Überblick über das Finanz- und Rechnungswesen. Es fällt ihnen oft schwer, zu einem bestimmten Zeitpunkt ihre tatsächliche finanzielle Lage einzuschätzen und diese genau zu interpretieren. Kenntnisse über Liquiditätssteuerung, die sie über Kontoauszüge einholen können oder über die einmal im Jahr erstellte Bilanz von Gewinn- und Verlustrechnung reichen bei weitem nicht aus, um eine Früherkennung der finanziellen Lage zu ermitteln und entsprechend gegenzusteuern.
Wichtig dafür sind die monatlichen Betriebswirtschaftlichen Auswertungen (BWA), die Sicherstellung der Zahlungsfähigkeit, die ständige Verbesserung der Ertragslage und die Steigerung des Betriebsergebnisses und der Eigenkapitalanlage.
Um den finanziellen Zustand im Sinne der Früherkennung Ihres Unternehmens zu ermitteln, sind bestimmte Kennzahlen notwendig. Ohne effiziente Kontrollinstrumente in Form von Zahlenwerten, die auch überschaubar, nachvollziehbar und auch aktuell sein müssen, ist eine exakte Standortbestimmung als Früherkennung im Hinblick auf den Ist-Zustand nicht möglich.
Mit der monatlichen, und wenn möglich auch wöchentlichen, Ermittlung und Auswertung von Kennzahlen können Krisensignale erkannt, Ursachen ermittelt und Sofortmaßnahmen eingeleitet werden.

Eine hohe Anzahl der Kennzahlen ist nicht entscheidend, sondern möglichst wenige, aber dafür die richtigen.
Es empfiehlt sich daher, folgende Kennzahlen zu bevorzugen, die

- schnell verfügbar sind,
- eine genaue Situation des Geschäftsgeschehens charakterisieren,
- über mehrere Zeitspannen vergleichbar sind und
- die Unternehmerspezifik berücksichtigen.

7.2 Liquiditätskennzahlen

Unter Liquidität versteht man die Fähigkeit eines Unternehmens, seine fälligen Verpflichtungen termingerecht erfüllen zu können.
Ist ein Unternehmen nicht mehr liquide, dann droht Konkurs. Man schätzt etwa, dass 90 % der Konkursfälle auf Liquiditätsprobleme zurückzuführen sind. Die meisten Fälle liegen bei den kleineren oder mittleren Unternehmen, sie scheitern an der Zahlungsunfähigkeit gegenüber Forderungen und Verbindlichkeiten.
Zeigen sich die ersten Symptome der Zahlungsunfähigkeit bereits im aktuellen oder mittelfristigen Bilanzierungszyklus, dann kann das Liquiditätsproblem bereits seinen Anfang genommen haben und die Bewältigung der Finanzierungsprobleme wird umso schwieriger oder sogar unlösbar.
Deshalb der Appell an das Unternehmen, überprüfen Sie möglichst monatlich mit Hilfe von Liquiditätskennzahlen Ihre Liquidität. Sie hilft Ihnen, Liquiditätsprobleme rechtzeitig zu erkennen und durch Einleitung entsprechender Maßnahmen wieder handlungsfähig zu werden.

<u>Wo liegen die meisten Ursachen der Liquiditätsprobleme?</u>

Einige sollten an dieser Stelle angesprochen werden:

- im schlechten Management, z.B. im Bereich der Leitung, Planung, Organisation und Controlling
- in der unangemessenen hohen Privatentnahme
- in der Unrentabilität des Kapitaleinsatzes
- in der schlechten Investitionsplanung (Investitionsrentabilität)
- in der schlechten Auswahl kostengünstiger Finanzierungsmöglichkeiten
- in der Anhäufung von Umlaufvermögen, das z.B. nicht gebraucht oder erst langfristig eingesetzt werden soll
- in der Veränderung auf den Absatzmärkten, z.B. Nachfrage, gesättigte Märkte, etc.
- in der Erhöhung der Rohstoffpreise
- in der Verschärfung der konjunkturellen Lage in den einzelnen Branchen
- in der schlechten Zahlungsmoral
- etc.

<u>Welche Kennzahlen sind im Einzelnen für die Liquidität Ihres Unternehmens wichtig?</u>

Liquiditätsreserve

Die Liquiditätsreserve ist für das Überleben Ihres Unternehmens lebensnotwendig. Ohne flüssige Mittel kann kein Unternehmen leben, deshalb sollten Sie immer eine bestimmte Geldsumme bereithalten, um zahlungsfähig zu bleiben bzw. fällige Verbindlichkeiten zu begleichen.

Ihre Liquiditätsreserve setzt sich aus Ihren verfügbaren Mitteln und den nicht ausgeschöpften Krediten Ihrer Bank zusammen. Je größer Ihre Liquiditätsreserve ist, umso mehr Spielraum haben Sie, um anstehenden Zahlungsverpflichtungen nachkommen zu können. Sie schaffen sich außerdem ein Polster, um auf schlechte Zahlungsmoral, Konjunkturprobleme und auf eine Verschlechterung des Umsatzes für einen bestimmten Zeitraum vorbereitet zu sein.
Ihre Liquiditätsreserve sollte wenigstens für drei Monate im voraus gesichert sein und mindestens 25 % über den Verbindlichkeiten liegen.

Die Liquiditätsreserve setzt sich wie folgt zusammen:

- verfügbare Mittel   in €
- nicht ausgeschöpfte Kredite   in €
= Liquiditätsreserve   in €

Liquiditätsgrad

Der Liquiditätsgrad gibt an, bis zu welchem Grad Ihr Unternehmen in der Lage ist, kurzfristig Forderungen realisieren zu können. Der Liquiditätsgrad bezieht sich immer auf einen bestimmten Zeitraum, wann die Verbindlichkeiten zu erfüllen sind.

Er wird unterschieden in zwei wichtige Liquiditätsgrade:

Liquiditätsgrad 1

Mit dieser Kennzahl erfahren Sie die Zahlungsfähigkeit Ihres Unternehmens. Es werden die verfügbaren Mittel, auch flüssige Mittel genannt, zuzüglich Ihrer nicht ausgeschöpften Kredite ins Verhältnis zu den fälligen Verbindlichkeiten gesetzt.

Gemessen wird die Liquidität wie folgt:

$$\frac{\text{verfügbare Mittel} + \text{nicht ausgeschöpfte Kredite}}{\text{kurzfristige Verbindlichkeiten}} \times 100$$

Beispiel:

$$\frac{\text{verfügbare Mittel } 15.000,\text{--} \text{€} + \text{nicht ausgeschöpfte Kredite } 20.000,\text{--} \text{€}}{\text{kurzfristige Verbindlichkeiten } 28.000,\text{--} \text{€}} \times 100$$

Ergebnis:

$$\frac{15.000,\text{--} \text{€} + 20.000,\text{--} \text{€}}{28.000,\text{--} \text{€}} \times 100 = 125\,\%$$

Interpretation: Die kurzfristig fälligen Verbindlichkeiten können zu 100 % beglichen werden. Außerdem verbleiben noch 25 % oder 7.000,-- € verfügbare Mittel als Liquiditätsreserve.
Ein relativ gutes Ergebnis.
Würde der Wert unter 100 % liegen, z.b. bei 90 %, dann könnten die Verbindlichkeiten nicht vollständig gedeckt werden.
Die ersten Zahlungsprobleme wären programmiert.

Fazit: Schaffen Sie sich immer eine Liquiditätsreserve, die mindestens drei Monate ausreicht. Falls Ihre Mittel für künftige Zahlungen nur noch für ca. 14 Tage ausreichen, dann müssen sie schnellstens handeln, z. B. schneller Ihre Außenstände eintreiben, über Rationalisierungsmaßnahmen nachdenken, etc. oder zusätzliche Kredite bei der Bank aufnehmen.

Liquiditätsgrad 2

Liquidität des 2. Grades ist die Gegenüberstellung von verfügbaren Mitteln zuzüglich Forderungen, zuzüglich nicht ausgeschöpfter Kredite im Verhältnis zu kurzfristigen Verbindlichkeiten.
Ein wesentliches Problem liegt hier in der Einlösung von Forderungen, wie z.B.: für Warenverkäufe und erbrachte Dienstleistungen, was sich durch schlechte Zahlungsmoral über Monate hinauszögern kann.

Die Liquidität des 2. Grades wird wie folgt ermittelt:

$$\frac{\text{verfügbare Mittel + nicht ausgeschöpfte Kredite + Forderungen}}{\text{kurzfristige Verbindlichkeiten}} \times 100$$

Interpretation: Hier sollte das Verhältnis mindestens 1 : 1 betragen. Besser wäre, wenn die flüssigen Mittel (verfügbare Mittel + Kredite) + Forderungen höher liegen würden gegenüber den Verbindlichkeiten (z.B. 110 % zu 100 %). Damit wäre Ihr Unternehmen in der Lage, alle kurzfristigen Schulden zu bezahlen.

7.3 Eigenkapitalquote

Die Eigenkapitalquote dient zur Einschätzung der Sicherheit und Kreditwürdigkeit des Unternehmens.
Eine solide Eigenkapitalbasis ist die Grundvoraussetzung, um in einer zeitlich schwierigen wirtschaftlichen Lage (z.B. Absatzprobleme oder Auftragsschwierigkeiten) die Risiken zu überstehen und Verluste hinzunehmen, ohne dabei die Existenz zu verlieren.
Je höher Ihre Eigenkapitalquote ist, desto besser ist auch Ihr Verhandlungsspielraum mit den Kreditgebern.
Ausreichendes Eigenkapital macht Sie strategisch sicherer und auch unabhängiger.
Die Eigenkapitalquote sollte mindestens 20 % betragen.

Die Eigenkapitalquote können Sie wie folgt ermitteln:

$$\frac{\text{Eigenkapital}}{\text{Gesamtkapital}} \times 100$$

7.4 Rentabilitätskennzahlen

Die Rentabilität ist das Verhältnis des Periodenerfolges und dem hierfür eingesetzten Kapital. Sie bringt den Gewinn eines Unternehmens zum Ausdruck und zwar als Differenz von Ertrag und Aufwand zum eingesetzten Kapital.
Rentabilität ist das Erfolgsrezept Ihres Unternehmens und schafft somit die Voraussetzungen für die Erhöhung des Eigenkapitals und ihrer Liquidität.

Wir unterscheiden bei den Rentabilitätskennzahlen zwei Möglichkeiten der Messungen:

1. Eigenkapitalrentabilität
2. Gesamtkapitalrentabilität

Eigenkapitalrentabilität

Eigenkapital ist die Summe des Vermögens, abzüglich Schulden.
Synonym wird Eigenkapital auch als Reinvermögen verstanden.
Das Eigenkapital umfasst das Stamm- bzw. Grundkapital, die Kapitalrücklage, Gewinnrücklagen und den Jahresüberschuss.
Die Eigenkapitalrentabilität ist eine wichtige Kennzahl zur Ermittlung der Liquidität des Unternehmens. Sie ist besonders für Periodenvergleiche z.b. monatlich, vierteljährlich, etc. von Bedeutung. Eine Abnahme dieser Rentabilität könnte Krisen auslösen.
Ziel sollte eine Maximierung der Eigenkapitalrentabilität sein. Das bedeutet, mit dem Einsatz von Eigenkapital einen höchstmöglichen Gewinn zu erwirtschaften.
Faustregel: ca. 20 % Eigenkapitalrentabilität.

Die Eigenkapitalrentabilität können Sie wie folgt ermitteln:

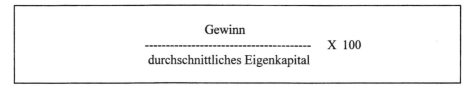

Gesamtkapitalrentabilität

Die Gesamtkapitalrentabilität ist für die Beurteilung der Rentabilität weit aussagefähiger als die Eigenkapitalrentabilität. Hier wird die Verzinsung des Fremdkapitals einbezogen, die eine wesentliche Rolle spielt und Einfluss auf die Rentabilität hat.

> Fazit: Eine Maximierung der Gesamtkapitalrentabilität führt nur dann zur Gewinnmaximierung, wenn der Fremdkapitalszins niedriger ist als die Gesamtkapitalverzinsung. Oder anders formuliert: Wenn die Gesamtkapitalrentabilität über den Zinsen für das Fremdkapital liegt.
> Ergebnis: <u>Mehr Überschuss als Einsatz an Fremdkapital.</u>

Die Gesamtkapitalrentabilität wird wie folgt ermittelt:

$$\frac{\text{Gewinn} + \text{Fremdkapitalzins}}{\text{durchschnittliches Gesamtkapital}} \times 100$$

7.5 Cashflow

Der Cashflow ist eine Kennzahl zur Beurteilung der Finanz- und Ertragssituation eines Unternehmens. Er gibt an, in welcher Höhe Ihr Unternehmen selbst finanzielle Mittel zur Verfügung stellen kann. Zum Cashflow gehören der Jahresüberschuss und alle nicht ausgabewirksamen Aufwendungen des Geschäftsjahres (z.B. bilanzielle Abschreibungen, langfristige Rückstellungen). Die nicht ausgabewirksamen Aufwendungen vermindern zwar den Gewinn, aber nicht die Liquidität.

Der Cashflow ergibt sich wie folgt:

    Jahresüberschuss (Jahresgewinn)
+ <u>Abschreibungen auf Sachanlagen</u>
+ <u>Zuführung zu langfristigen Rückstellungen</u>
= Cashflow

Man bezeichnet Cashflow auch als eine Differenz zwischen liquiditätswirksamen Ertrag und liquiditätswirksamen Aufwand. Er zeigt auf, welche Investitionen ohne Fremdfinanzierung getätigt werden können und in welcher Zeit das Fremdkapital zurückerstattet werden kann.
Cashflow = der Überschuss nach Abzug aller Kosten.
Der Cashflow ist der Teil des Unternehmensumsatzes, der für Investitionen, für die Liquidität, für Steuern und für die Gewinneinschätzung zur Verfügung steht.

Mit Hilfe des Cashflow können noch weitere Kennzahlen ermittelt werden, wie:

- Umsatzrentabilität und
- Verschuldungsgrad / Verschuldungsfaktor

7.5.1 Umsatzrentabilität

Umsatzrentabilität ist die Gegenüberstellung von Jahresüberschuss (Gewinn) zum Umsatz. Die Umsatzrendite macht deutlich, wie gut Sie Ihre Produkte oder Dienstleistungen veräußert haben und wie kostenrentabel Sie diese herstellen. Je höher der Umsatz, um so mehr Spielraum haben Sie, um Preisrückgänge und Kostensteigerungen aufzufangen. Dabei sollen Sie immer darauf achten, dass eine Umsatzsteigerung durch den Einsatz von zusätzlichen Investitionsmitteln, z.b. Rationalisierung, zusätzliche Kosten verursachen kann, die den Gewinn schmälern könnten.

Fazit: Eine Kostenerhöhung zur Steigerung des Umsatzes muss sich immer proportional zur Gewinnmaximierung verhalten.

Die Umsatzrentabilität errechnet sich wie folgt:

$$\frac{\text{Gewinn}}{\text{Umsatz}} \times 100$$

7.5.2 Verschuldungsgrad

Der Verschuldungsgrad besagt, wie viel Cashflow erwirtschaftet werden müssen, um alles Fremdkapital zu begleichen. Dabei ist zu berücksichtigen, dass die Erwirtschaftung der Mittel konstant bleiben muss und keine neuen Investitionen getätigt werden. Die Regel besagt: dass das Verhältnis von Eigenkapital zu Fremdkapital wie 1 : 1 sein müsse.

Der Verschuldungsgrad wird wie folgt ermittelt:

$$\frac{\text{Fremdkapital}}{\text{Eigenkapital}} \times 100$$

Eine zweite Möglichkeit, um die Verschuldung zu ermitteln, wäre der Verschuldungsfaktor.

7.5.3 Verschuldungsfaktor

Er lässt sich aus dem Verhältnis der Effektivverschuldung und dem Cashflow ermitteln. Als Effektivverschuldung wird das Fremdkapital abzüglich der liquiden Mittel und kurzfristigen Forderungen bezeichnet. Die Effektivverschuldung sollte in diesem Fall nicht das Dreifache des Netto - Cashflow übersteigen.

Der Verschuldungsfaktor wird wie folgt ermittelt:

$$\frac{\text{Fremdkapital} + \text{liquide Mittel} + \text{kurzfristige Forderungen}}{\text{Netto - Cashflow}}$$

7.6 Den Finanzablauf des Unternehmens überwachen und kontrollieren

Durch die Überwachung und Kontrolle des Finanz- und Rechnungswesens schaffen Sie die Voraussetzung, um von der Späterkennung zur Früherkennung zu gelangen. Sie werden dadurch besser in die Lage versetzt, Krisensignale zu erkennen, Ursachen zu ermitteln und Sofortmaßnahmen einzuleiten.

Welche Überwachungs- und Kontrollfragen zum Finanzgeschehen Ihres Unternehmens sollten Sie sich als Unternehmensleitung stellen und danach versuchen, zu jeder Frage eine konkrete Antwort zu finden und wenn notwendig, Sofortmaßnahmen festzulegen?

Hier einige ausgewählte Fragen.

Checkliste:

Fragen	Antwort Ja / Nein	Schlussfolgerung / welche	Sofortmaßnahme Termin der Realisierung
1. Kennen Sie Ihre aktuelle Bilanz der Einnahmen- und Ausgabenseite?			
1.1 Wenn nicht, was nehmen Sie sich vor?			
2. Kennen Sie Ihre Liquiditätsreserve?			

Fragen	Antwort Ja / Nein	Schlussfolgerung / welche	Sofortmaßnahme Termin der Realisierung
2.1 Was werden Sie tun, wenn die Liquidität Ihres Unternehmens nicht mehr gesichert ist?			
3. Ist Ihre Eigenkapitalausstattung noch ausreichend?			
3.1 Wenn nicht, welche Alternativen hätten Sie zur weiteren Anreicherung?			
4. Überwachen Sie permanent die Zahlungseingänge und Zahlungsmoral der Kunden?			
4.1 Wenn nicht, wie wollen Sie z.B. das Mahnwesen besser in den Griff bekommen?			
5. Sind Sie darüber informiert, wie rentabel Ihr Unternehmen zur Zeit arbeitet?			
5.1 Was werden Sie unternehmen, wenn z.B. Ihre Eigenkapitalrentabilität 1 : 1 beträgt?			
6. Haben Sie einen Überblick über die Entwicklung der Finanz- und Ertragssituation (Cashflow) der letzten drei Jahre?			
6.1 Was tun Sie, wenn das Ertrags- und Umsatzvolumen voraussichtlich (nach vorläufigen Einschätzungen) um 10 % zurückgehen wird und damit der Cashflow nicht mehr gesichert ist?			
7. Führen Sie monatliche Plan-Ist- Vergleiche zur Umsatz- und Kostenplanung durch?			

Fragen	Antwort Ja / Nein	Schlussfolgerung / welche	Sofortmaßnahme Termin der Realisierung
7.1 Wie reagieren Sie, wenn es Abweichungen dazu gibt?			
8. Arbeiten Sie täglich mit der so genannten ABC-Analyse? A = sehr wichtige Aufgaben B = delegierbare Aufgaben C = weniger wichtige Aufgaben			
8.1 Wenn ja, welchen leistungsorganisatorischen Effekt bringt für Sie diese Analyse?			
9. Führen Sie jährlich eine Konkurrenz – Analyse durch und vergleichen Sie z.B. den Preis- Leistungsvergleich, Lieferzeitenvergleich, Qualitätsvergleich zum Servicevergleich?			
9.1 Was werden Sie tun, wenn Sie beim Vergleich feststellen, dass Sie im Servicevergleich noch Defizite aufweisen? Welche Schlussfolgerungen würden Sie daraus ziehen?			
10. Führen Sie regelmäßig Kundenanalysen, z.B. zum Kaufverhalten der Kunden durch?			
10.1 Wenn ja, welche Schlussfolgerungen würden Sie aus der Analyse ziehen, wenn sich Kunden z.B. - über den Kundenberater / Verkaufsservice - über den Reklamationsservice - über die Kunden- betreuung beklagen?			

Fragen	Antwort Ja / Nein	Schlussfolgerung / welche	Sofortmaßnahme Termin der Realisierung
11. Führen Sie kontinuierlich Mitarbeiterbefragungen durch?			
11.1 Wenn nein, wie erhalten Sie Informationen über die Arbeitszufriedenheit Ihrer Mitarbeiter?			
11.2 Wenn ja, welche Schlussfolgerungen würden Sie ziehen, wenn sich einige Mitarbeiter über Folgendes beklagen: - über wenig Freiräume für eigenverantwortliches Handeln - über geringe Einbeziehung in die betrieblichen Entscheidungsprozesse - über schlechte Teamarbeit - über mangelnde Motivation			

7.7 Ein Überblick über wichtige Begriffe und Kennzahlen, die im täglichen Umgang mit Finanzen notwendig sind

7.7.1 Begriffe

Abschreibung: Buchhalterische Erfassung der Wertminderung von Vermögensgegenständen.

Aufwendung: Der in der Finanzbuchhaltung als Minderung des Eigenkapitals erfasste Verbrauch von Gütern und Diensten für betriebliche Zwecke.

Ausgaben: Verminderung des Geldvermögensbestandes, die entweder nur die Vermögenszusammensetzung (Aktivtausch, Passivtausch) ändert, oder als→ Aufwendung gilt.

Betriebsergebnis: Der Saldo zwischen betrieblichen Aufwendungen und Erträgen ergibt das Betriebsergebnis.

Bilanz: Gegenüberstellung von Vermögen und Kapital in Kontoform zum Abschluss des Rechnungsjahres eines Unternehmens.

Eigenkapital: Finanzierungsmittel eines Betriebes, die dem Inhaber oder den Gesellschaftern zuzurechnen sind. Das Eigenkapital ergibt sich aus der Differenz des Vermögens und der Schulden (→ Inventar).

Einnahme: Erhöhung des Geldvermögensbestandes, die entweder nur die Vermögenszusammensetzung (Aktivtausch, Passivtausch) ändert, oder als Ertrag gilt.

Erlös: Begriff aus der Kosten- und Leistungsrechnung. Ein Erlös ist der Wertzuwachs aus einer erstellten Betriebsleistung. Er wird häufig den → Kosten gegenübergestellt. Ein Erlös muss nicht unbedingt mit einem Ertrag oder einer → Einnahme identisch sein.

Forderungen: Unterschieden wird im wesentlichen in Geldforderungen (aufgrund von Dienstleistungen und Gütern oder aus Darlehensverträgen) und Leistungsforderungen (aufgrund von Anzahlungen).

Gesamtkapital:	Setzt sich aus Eigenkapital (Unternehmerkapital, Beteiligungskapital) und Fremdkapital (Gläubigerkapital) zusammen.
Gewinn:	Gewinn ist ein wertmäßig positives Ergebnis der unternehmerischen Tätigkeit. In der Buchhaltung wird er als Zunahme des → Eigenkapitals während eines Geschäftsjahres erfasst, wenn die → Erträge größer als die → Aufwendungen sind.
Gewinnausschüttung:	Für den nach Zahlung aller (von der Rechtsform abhängigen) Steuern verbleibenden Gewinn besteht die Möglichkeit der Ausschüttung (Auszahlung) an die Gesellschafter.
GuV:	Gewinn- und Verlustrechnung eines Unternehmens erfasst die → Aufwendung und Erträge eines Geschäftsjahres in Konto- oder Staffelform. Sind die Erträge größer als die Aufwendungen, wird ein → Gewinn, sind sie kleiner, ein Verlust ausgewiesen. Die GuV gehört mit der Bilanz zum Jahresabschluss.
Innovation:	Innovationen sind neue oder verbesserte Produkte, neue oder verbesserte Produktionsprozesse und -verfahren sowie auch veränderte soziale Beziehungen im Unternehmen.
Insolvenz:	Zahlungsunfähigkeit. Seit 1. Januar 1999 gilt die neue Insolvenzordnung, durch die die Konkursordnung ersetzt wurde. Statt dem Konkursverfahren ist bei Zahlungsunfähigkeit oder Überschuldung die Eröffnung des Insolvenzverfahrens notwendig.
Inventur:	Körperliche Bestandsaufnahme des Vermögens und der Schulden eines Unternehmens zu einem Stichtag durch Zählen, Messen, Wiegen und Abstimmen der Forderungen und Verbindlichkeiten mit den Aufzeichnungen der Geschäftspartner.
Jahresüberschuss/ -fehlbetrag:	Ist das Ergebnis der GuV oder der Einnahmen/Überschussrechnung. Er ergibt sich als Differenz zwischen den hierin einzelnen aufgeführten Erträgen und Aufwendungen.

Konto:	Eine zur Aufnahme und wertmäßigen Erfassung von Geschäftsvorfällen bestimmte Rechnungen in Form einer Gegenüberstellung. Die linke Seite wird als „Sollseite", die rechte Seite als „Habenseite" bezeichnet. Die Differenz aus den aufgezeichneten Bewegungen ist der Saldo.
Kosten:	Bewerteter Verzehr (Verbrauch) von Gütern zur Erstellung und zum Absatz betrieblicher Leistungen. Kosten können einem → Aufwand entsprechen; ihre Höhe wird dann aus der Finanzbuchhaltung abgeleitet.
Kurzfristiges Fremdkapital:	Als kurzfristiges Fremdkapital gelten die Verbindlichkeiten des Unternehmens (Kreditoren) und Kurzfristige Bankkredite.
Kundenskonto:	Der Verkäufer bezeichnet den seinen Kunden gewährten Skonto als „Kundenskonto" (Mehrzahl: Kundenskonti).
Lastschrift:	Belastung eines Kontos auf der Sollseite. Meistens gebraucht im Zusammenhang mit Personenkonten bei der Begründung einer Forderung – Debitoren.
Liquide Mittel:	Zu liquiden (flüssigen) Mitteln zählen Kassenbestand, Guthaben bei Kreditinstituten sowie Schecks.
Umsatz:	Umsatz ist der aus dem Verkauf von Produkten/Dienstleistungen erwirtschaftete Teil des Ertrages des Unternehmens.

7.7.2 Kennzahlen

Kapitalstruktur:

$$\text{Fremdfinanzierungsgrad} = \frac{\text{Fremdkapital} \times 100}{\text{Gesamtkapital}}$$

$$\text{Eigenfinanzierungsgrad} = \frac{\text{Eigenkapital} \times 100}{\text{Gesamtkapital}}$$

$$\text{Selbstfinanzierungsgrad} = \frac{\text{Zuwachskapital} \times 100}{\text{Gesamtkapital}}$$

$$\text{Verschuldungskoeffizient} = \frac{\text{Fremdkapital} \times 100}{\text{Eigenkapital}}$$

Wirtschaftlichkeit:

$$\text{Wirtschaftlichkeit} = \frac{\text{Ertrag}}{\text{Aufwand}}$$

Anlagendeckungsgrad:

$$\text{Anlagendeckungsgrad I} = \frac{\text{Eigenkapital} \times 100}{\text{Anlagevermögen}}$$

$$\text{Anlagendeckungsgrad II} = \frac{(\text{Eigenkapital} + \text{langfristiges Fremdkapital}) \times 100}{\text{Anlagevermögen}}$$

Rentabilität:

$$\text{Rentabilität} = \frac{\text{Erfolg} \times 100}{\text{Kapital}}$$

$$\text{Betriebskapitalrentabilität} = \frac{\text{Betriebsgewinn} \times 100}{\text{Eigenkapital}}$$

$$\text{Gesamtkapitalrentabilität} = \frac{(\text{Unternehmenserfolg} + \text{Zinsen}) \times 100}{\text{Gesamtkapital}}$$

$$\text{Erfolgskoeffizient} = \frac{\text{Erfolg} \times 100}{\text{Ertrag}}$$

Liquidität:

$$\text{Liquidität 1. Grades} = \frac{(\text{sofort verfügbare Mittel} + \text{nicht ausgeschöpfte Kredite}) \times 100}{\text{kurzfristiges Fremdkapital}}$$

$$\text{Liquidität 2. Grades} = \frac{(\text{sofort verfügbare Mittel} + \text{nicht ausgeschöpfte Kredite} + \text{Forderungen}) \times 100}{\text{kurzfristiges Fremdkapital}}$$

8. Erfolgsrezept: Sicherung und Überwachung der Liquidität des Unternehmens

8.1 Allgemeine Bemerkung zur Liquidität

Spätestens seitdem das Geld als Zahlungsmittel die Kreisläufe der Wirtschaft bestimmt, hat es die Funktion, den gesamten wirtschaftlichen Kreislauf am Leben zu erhalten bzw. überhaupt erst zu ermöglichen. Ausreichende Liquidität ist die Grundvoraussetzung für jegliche erfolgreiche wirtschaftliche Tätigkeit. Jede Idee und jedes Unternehmen ist zum Scheitern verurteilt, wenn es nicht hinreichend ausfinanziert, das heißt über notwendige Geldquellen verfügt. Die wirtschaftliche Entwicklung in den letzten Jahren ist unter anderem dadurch gekennzeichnet, dass sehr oft für die Umsetzung wirtschaftlicher Ziele nicht im ausreichenden Maße finanzielle Mittel zur Verfügung stehen. Besonders negativ macht sich hier die Einführung des neuen Insolvenzrechtes bemerkbar, welches als eine Nebenwirkung bedingt hat, dass Gläubiger in der Regel nur noch gegen reale Sicherheiten finanzielle Mittel dem wirtschaftlichen Kreislauf zur Verfügung stellen. Als eine Besonderheit in Deutschland kommt weiterhin die Überreizung des Immobilienmarktes Anfang und Mitte der 90er Jahre hinzu, in dessen Ergebnis die großen Kreditinstitute erhebliche Verluste und Wertberichtigungen hinnehmen und tragen mussten.

8.2 Kapital als Existenzgrundlage für das Unternehmen

8.2.1 Finanzierung des laufenden operativen Geschäftes

Betrachtet man einen einfachen Fertigungsprozess, so wird das Problem sofort sichtbar. Zunächst, und das sei schon vorausgesetzt, dass die nötigen Produktionsmittel vorhanden sind, werden Rohstoffe oder Halbzeuge ... erworben, mittels der Arbeitskraft der Arbeitnehmer veredelt und dann dem Markt zur Verfügung gestellt. In den meisten Fällen sind die bezogenen Waren und Rohstoffe, die bei deren Verarbeitung notwendigen Energien und entstehenden Personalkosten vor der Erzielung eines Verkaufserlöses aufzubringen. Die nähere Analyse dieses Prozesses, die damit verbundenen Zahlungsziele und –fristen und deren Übereinstimmungen mit den finanziellen Mitteln des Unternehmens ermöglichen erst eine kontinuierliche und planmäßige Produktion. Es wird also in der Mehrzahl aller Fälle des Betreibens eines operativen Geschäftes immer erforderlich sein, auch hier einen gewissen Kapitaleinsatz sicherzustellen. Die Größenordnung des hier benötigten Kapitals ist jedoch durch verschiedene Faktoren erheblich beeinflussbar. In den nachfolgenden Ausführungen wird näher darauf eingegangen, welche das sind.

8.2.2 Mittelherkunft

Zur Finanzierung des Unternehmens stehen prinzipiell zwei Quellen zur Verfügung. Zum einen die Ausstattung mit Eigenkapital, das heißt, Kapital, welches die Eigentümer des Unternehmens ihm in der Regel auf längere Sicht zur Verfügung stellen. Typische Formen sind hier Privateinlagen, Stammkapital von Kapitalgesellschaften und Gesellschafterdarlehen.
Zum anderen Fremdkapital, hierbei handelt es sich im wesentlichen um Kredite, die als direkte Geldkredite bzw. Lieferantendarlehen zur Verfügung gestellt werden.

8.2.2.1 Eigenkapital

Hinsichtlich des Eigenkapitals wird sofort deutlich, dass dieses aus entweder über Jahre und Jahrzehnte hinweg aufgebautem Privatvermögen besteht bzw. durch eine Vielzahl von Unternehmern oder Anlegern mühsam eingesammelt werden muss. Nach den Rückschlägen, die der Aktienmarkt in den letzten Jahren immer wieder zu verzeichnen hatte, gestaltet sich die Mobilisierung von Eigenkapital über den freien Kapitalmarkt bzw. über den Börsengang eines Unternehmens als eine risikobehaftete Herausforderung. Die Personen und Institute, die über größere Eigenkapitalressourcen verfügen, treten in der unmittelbaren Unternehmensfinanzierung kaum noch in Erscheinung.
Vermögensberatungsgesellschaften und Investmenthäuser verwalten neben den Banken die großen freien Geldvermögen des Marktes. Die kapitalstarken Anleger werden durch diese Institutionen von den realen Unternehmen getrennt und abgeschottet. Man kann sagen, dass der Abstand zwischen Kapital und Produktion zu keiner Zeit der industriellen Entwicklung ein größerer war als heute. Die Anleger bewerten in der Regel die Kapitalanlagemöglichkeiten nach deren kurzfristig erzielbaren Renditen bzw. dargestellten Sicherheiten. In den seltensten Fällen ist die zielgerichtete Einbringung von Eigenkapital in realen Unternehmen von Interesse. Auf die vielfältigen mit Produktion und Dienstleistung kaum im Zusammenhang stehenden Geldanlageprodukte, wie z. B. Derivate, sei hier nur am Rande hingewiesen. Für die kleinen und mittleren Unternehmen, heißt das, dass deren Eigenkapital in der Regel außerordentlich gering ist, da die Eigentümer von kleinen und mittleren Unternehmen kaum zu den vermögenden Dynastien gehören und auch aufgrund ihrer Größe meist nicht in der Lage sind, finanzielle Mittel über einen Börsengang dem Unternehmen zur Verfügung zu stellen.

8.2.2.2 Fremdkapital

Kleine und mittlere Unternehmen sind daher gezwungen, entweder ihren notwendigen Kapitalbedarf gering auszurichten bzw. ihn über Fremdkapital zu decken. Als Fremdkapital wird hier in erster Linie ein Bankkredit in Frage kommen, der doch immer schwerer aufgenommen werden kann. Vielfach ist es nur mit Hilfe staatlicher Bürgschaften möglich, dass kleine und mittlere Unternehmen in den

Genuss von Krediten gelangen. Jeder Unternehmer, der bei seiner Bank versucht hat, einen Kredit aufzunehmen, weiß, welche Mühen, Anstrengungen und Risiken dieser Hürdenlauf beinhaltet. Die Unternehmen, die über eine mehrjährige positive Geschäftsentwicklung verfügen, volle Auftragsbücher vorweisen können und nicht Problembranchen angehören, haben bei dem Nachweis ausreichender Sicherheiten nach wie vor Chancen, entsprechende Geldmittel aufzunehmen. Bei einer großen Anzahl von Unternehmen ist es aufgrund der wirtschaftlichen Entwicklung und der Branchenzugehörigkeit mittlerweile fast aussichtslos. Verbleibt also nur, sich noch dem Lieferantenkredit zuzuwenden. Lieferantenkredite werden in der Regel nach reibungslosen Geschäftsabwicklungen und in der Hoffnung auf wachsende Umsätze ohne größere Formalien gewährt. Auch Leasinggesellschaften sind bereit, nur bei eingeschränkt vorhandenen Sicherheiten Geschäftsabschlüsse zu tätigen.

Eine Sonderform der Zurverfügungstellung von flüssigem Kapital ist die Verwertung nicht mehr notwendigen Anlagevermögens. Hier werden über Jahre geduldete stille Reserven dem Unternehmen wieder zur Verfügung gestellt bzw. nicht benötigte Maschinen, Anlagen und ähnliches zur Sicherung der Liquidität veräußert.

Ohne Geld geht nichts. Wenn das Geld im Unternehmen knapp wird, kommt es zu Zahlungsschwierigkeiten und damit zum Zusammenbruch des Unternehmens. Daher ist ein permanenter Überblick über die finanziellen Ströme des Unternehmens unerlässlich.
Hat das Unternehmen bzw. das Management nicht diesen Überblick, kann es sehr schnell zu Liquiditätskrisen führen.

Wann sprechen wir von Liquiditätskrisen eines Unternehmens?

Ein Unternehmen ist dann liquide, wenn die fälligen Verbindlichkeiten bzw. Zahlungsverpflichtungen fristgerecht erfüllt werden.
Je weniger liquide Mittel dem Unternehmen zur Verfügung stehen, desto geringer ist die Chance, notwendige Maßnahmen gegen die Zahlungskrise vorzunehmen.

Fazit: Die Zahlungsfähigkeit kurz-, mittel- und langfristig zu sichern, sollte das oberste Gebot des Leistungsmanagements und des Unternehmens sein.

Grundlegende Voraussetzung für die Sicherung der Liquidität des Unternehmens ist die exakte Planung und Kontrolle der Ein- und Ausgabenbilanz. Sie sollte nicht alleine der Buchhaltung oder dem Steuerberater überlassen werden, sondern sollte in erster Linie von der Unternehmensleitung als Chefsache erklärt und umgesetzt werden.

8.3 Sicherung der Liquidität über die Liquiditätsplanung

8.3.1 Grundsätzliche Überlegungen

Unangenehme Überraschungen, die bis zur Insolvenz führen können, kann das Unternehmen nur vermeiden, wenn es seine Liquidität plant und die gesteckten Ziele überwacht. Aufgrund der bekannten und zu erwartenden Geschäftsabläufe kann mit einer hohen Zuverlässigkeit der jeweilige Liquiditätsbedarf ermittelt werden. In der Liquiditätsplanung sind dann entsprechend des ermittelten Liquiditätsbedarfes rechtzeitig notwendige finanzielle Mittel bereitzustellen. Zu unterscheiden ist bei der Planung zwischen abfließenden und zufließenden Finanzströmen. Abfließende Finanzströme betreffen insbesondere die laufenden fixen Kosten des Unternehmens, die Personalkosten und die Kosten für Wareneinkauf und Fremdleistungen. Weiterhin sind noch öffentliche Abgaben und Steuern zu beachten. Eine Sonderform bildet der Finanzbedarf für Investitionen. Zufließende Finanzströme erfolgen im wesentlichen über den Verkauf von Waren und Dienstleistungen, über die Veräußerung von Rechten und Anlagevermögen und durch Steuerrückerstattung.

Zahlungsziele können zu einem großen Teil verhandelt werden. Daher kommt, sowohl bei den Verhandlungen mit Lieferanten, als auch bei Verhandlungen mit den Kunden, aus Sicht der Gewährleistung einer hinreichenden Liquidität es darauf an, für das Unternehmen vorteilhafte Zahlungsbedingungen zu erzielen. Über die interne Buchhaltung muss das Unternehmen Abweichungen der Liquiditätsplanung sofort erkennen und geeignete Gegenmaßnahmen einleiten.

Zur Liquiditätsplanung gehören folgende Mittel:

- verfügbare Barmittel
- täglich fällige Guthaben bei Banken
- verfügbare Kreditlinien

Aufgrund ihrer relativ schnellen Verfügbarkeit spricht man bei diesen Mitteln von der Liquidität ersten Grades.
Zur Liquidität des zweiten Grades und dritten Grades zählen Mittel, deren Verfügbarkeit nur mit zeitlicher Verzögerung möglich ist.
Hierzu zählen z.B.:

- flüssige Mittel und kurzfristige Forderungen
- Umlaufvermögen bzw. Vorräte

Das eigentliche Ziel der Liquiditätsplanung liegt darin, möglichst genaue Informationen über die zu erwartenden Geldströme, geordnet nach Zeit, Betrag und Zuverlässigkeit der Schuldner, zu erhalten. Die Genauigkeit der Saldoprognose nimmt bei zunehmender Zeitspanne ab.

Deshalb sollte die Zeitspanne bei der Liquiditätsplanung, die Größe des Unternehmens, die Zeit des Investitionseinsatzes und die Zeit der Kreditinanspruchnahme auf der Basis der ermittelten Prognosedaten festgelegt werden. Der Zeitpunkt der Saldoprognose liegt nach vorliegenden Erfahrungen zwischen zwei und maximal 30 Tagen.
Je geringer der Zeitraum des zu erwartenden Saldos des liquiden Betriebsvermögens ist umso zuverlässiger ist die Prognose, bzw. sind die Aussagen.
Dies gilt auch für die Inanspruchnahme fremder Mittel zur Überbrückung von Liquiditätsengpässen. Denn Kredite kosten Geld in Form von Zinsen, die durch eine exakte Liquiditätsplanung es ermöglichen, eine genaue Zeit der Inanspruchnahme, unter Berücksichtigung günstiger Konditionen, z.B. Nutzung günstiger Kapitalquellen, festzulegen.
Eine gute Liquiditätsplanung ermöglicht es, finanzielle Mittel länger auf den Konten der Unternehmen zu halten. Diese senkt einerseits die Zinskosten für Kredite, anderseits können rentable Kurzinvestitionen getätigt werden.

8.3.2 Einflussfaktoren einer planmäßigen Liquiditätsplanung

☐ Kredite

Bei der Beantragung von Krediten ist es erforderlich, rechtzeitig mit den dafür infrage kommenden Banken Verhandlungen aufzunehmen. Aufgrund der meist unumgänglichen notwendigen öffentlichen Bürgschaften sollte hier ein Zeitrahmen von ca. einem halben Jahr von der Beantragung der Mittel bis zur Freigabe eingerechnet werden. Derartige Anträge bedürfen einer umfangreichen Vorbereitung, in der Regel in Form eines Bussinesplans und sind mit den Ertragserwartungen und einer mehrjährigen Liquiditätsvorschau zu versehen.

☐ Beteiligungen

In einigen Fällen kann es von Vorteil sein, privaten Kapitalgebern Beteiligungen am Unternehmen anzutragen. Durch derartige Beteiligungen kann sehr kurzfristig der Liquiditätsbedarf eines Unternehmens gedeckt werden. Aufgrund der verständlichen Vorsicht vieler privater Anleger ist es bei Beschreiten dieses Weges in der Regel auch notwendig, die Entwicklung und die künftigen Ertragsaussichten des Unternehmens umfangreich darzustellen.

☐ Leasing

Zur Finanzierung notwendigen Anlagevermögens bietet es sich, nicht nur aus steuerlicher Hinsicht, sondern auch aus dem Blickwinkel der Erhaltung ausreichender Liquidität an, Anlagevermögen zu leasen. Oftmals sind bei dieser Form der Finanzierung von Anlagevermögen keine Anzahlungen erforderlich, sondern es werden lediglich über mehrere Jahre feste Nutzungsraten entrichtet.

☐ Sales Back

Eine Sonderform des Leasings, die darüber hinaus mit einer sofortigen Erhöhung des flüssigen Kapitals verbunden ist, ist das so genannte Sales Back Leasing. Das Unternehmen veräußert beispielsweise bereits bezahltes Anlagevermögen an eine Leasinggesellschaft und least das Anlagevermögen im gleichen Zug zurück. Das Anlagevermögen bleibt daher für die Nutzung dem Unternehmen erhalten, mit der Veräußerung wird sofort flüssiges Kapital dem Unternehmen zur Verfügung gestellt. Die monatlichen Aufwendungen für die weitere Nutzung des Anlagevermögens sind in der Regel von untergeordneter Bedeutung.

☐ Lieferantenkredite

Lieferanten, insbesondere dann, wenn mit ihnen bereits längere Geschäftsbeziehungen bestehen, sind bei geschickter Verhandlung teilweise bereit, längere Zahlungsziele zu vereinbaren. Zahlungsziele von 90 Tagen sind durchaus erreichbar. In einer angespannten Liquiditätssituation kann man mit Lieferanten in der Regel über die Aussetzung von Zahlungen verhandeln. Solange die Lieferanten von einem Fortbestehen des Unternehmens ausgehen, bestehen hierfür gute Chancen.

☐ Verträge mit Kunden

Ein wesentlicher Punkt bei den Vertragsverhandlungen mit Kunden sind natürlich die Zahlungsbedingungen. Aus Sicht der Erhaltung einer hinreichenden Liquidität sollen diese natürlich so kurzfristig wie möglich vereinbart werden. In vielen Branchen sind Teilzahlungen oder Vorauszahlungen üblich. Mit der Einräumung attraktiver Skontoabzüge sollte man den Kunden darüber hinaus Anreize geben, die gestellten Rechnungen kurzfristig zu begleichen. Wenn die Leistung des eigenen Unternehmens in einem überschaubaren Zeitraum erbracht werden können, kann es oftmals erreicht werden, dass die Kunden bereits ihre Rechnungen bezahlt haben, bevor die Begleichung von Lieferanten-Rechnungen ansteht.

☐ Personal

In extrem schwierigen Liquiditätssituationen kann oftmals mit der Belegschaft vereinbart werden, dass fällige Gehaltszahlungen nur zum Teil und oder später erfolgen. Wenn der Belegschaft klar gemacht werden kann, dass die Überlebensfähigkeit des Unternehmens gesichert ist, wenn Gehaltszahlungen zu einem späteren Zeitraum fließen, ist bei der überwiegenden Anzahl der Mitarbeiter meist Verständnis vorhanden.

☐ Rechtsstreite

Die Durchführung bzw. Vermeidung von Rechtsstreiten können maßgeblichen Einfluss auf die Liquidität des Unternehmens ausüben. Ein Rechtsstreit, der mit einem Lieferanten geführt wird, verzögert u. U. Zahlungen über mehrere Monate, wenn nicht Jahre. Mit Kunden sind aktive Rechtsstreite in der Regel nicht zu empfehlen, weil damit eingehende Zahlungen u. U. auf unbestimmte Zeit verschoben werden. Hier sollte möglichst immer ein Kompromiss bzw. Vergleich aus Sicht der Wahrung der Liquidität angestrebt werden.

☐ Steuerliche Gestaltung

Mit legalen steuerrechtlichen Gestaltungen gelingt es oftmals, Steuerzahlungen über größere Zeiträume zu vermeiden. Steuerberater sollten daher nicht nur hinsichtlich der absoluten Höhe der Steuerzahlungen gefordert werden, sondern ihnen sollte auch die Liquiditätssituation und Planung umfassend zur Kenntnis gebracht werden, damit rechtzeitig entsprechende Maßnahmen zur Vermeidung von Steuerzahlungen bzw. zur Verschiebung des Zeitpunktes ergriffen werden können.

Weitere Einflussfaktoren einer planmäßigen Liquiditätssicherung könnten zum Beispiel sein:

☐ Verkauf von Anlagen, die nicht effektiv sind oder nicht mehr benötigt werden

☐ Senkung des Warenlagerbestandes

☐ Senkung der Gemeinkosten

☐ Steigerung des Kostenbewusstseins der Mitarbeiter

☐ Abschaffung unrationeller Arbeitsabläufe

☐ Vermeidung von Unter- oder Überbeschäftigung

8.3.3 Aufbau und Inhalt der Liquiditätsplanung und Kontrolle

Um eine möglichst genaue Liquiditätsplanung und Liquiditätskontrolle zu ermöglichen, sollten die zeitlich und betraglich variablen Positionen in folgende Gruppen eingeteilt und gegliedert werden:

	geplanter Betrag in €	Terminstellung	Abweichungen					
			Betrag	Soll	Ist	Termin	Soll	Ist
1. Voraussichtliche Einnahmen								
- aus Umsätzen von Produkten oder Dienstleistungen								
- aus Forderungen								
- aus sonstigen Einnahmen, z.B. Mieten etc.								
2. Voraussichtliche Ausgaben								
- für Material								
- für Löhne/Gehälter								
- für Zinsen								
- für Mieten, Pachten, etc.								
- für Steuern/ Versicherungen								
- für Abschreibungen								
- für Vertrieb								
- für Kfz-Kosten								
- für Strom, Gas, Wasser								
- für sonstige Kosten								

	geplanter Betrag in €	Termin-stellung	Abweichungen			
			Betrag	Soll	Ist	Termin	Soll	Ist
3. Liquide Mittel - Kasse								
- Bank								
- Wechsel								
- kurzfristige Geldanlagen - Vorräte								
- Sonstige								
4. Zahlung von Verbindlichkeiten - Tilgung von Krediten - Lieferantenverbindlichkeiten - Mehrwertsteuer								
5. Kreditaufnahme								
6. Ausgaben für Investitionen und andere Ausgabenbereiche								
Summe der Einnahmen: lfd.Nr. 1., 3. u. 5.								
Summe der Ausgaben: lfd.Nr. 2., 4. u. 6.								
Über- / Unterdeckung:								
Stichtag der Liquiditätskontrolle:								

Fazit: Die Gewährleistung und Planung einer ausreichenden Liquidität ist ein sehr komplexer Vorgang. Die damit beauftragten Personen können ihre Aufgaben nur erfüllen, wenn sie über alle erreichbaren Informationen verfügen und in den Vertrags- und Produktionsablauf umfassende Einsicht erlangen. Das Management sollte bei seinen Entscheidungen, neben dem angestrebten maximalen Ergebnis, stets prüfen, ob die Entscheidungen und Vereinbarungen den Möglichkeiten der Liquiditätsplanung entsprechen.

9. Erfolgsrezept : Ausschöpfung aller rechtlichen und steuerlichen Rahmenbedingungen

9.1 Allgemeine Bemerkungen

Für die Ausschöpfung aller Möglichkeiten auf rechtlichem und steuerrechtlichem Gebiet ist es zunächst einmal wichtig, sich über den tatsächlichen Stand und die Gegebenheiten auch hinsichtlich der bisher in Anspruch genommenen Beratungsqualität in klar zu werden.

Für die überwiegende Mehrzahl der Unternehmen ist die Tatsache zu verzeichnen, dass sie ihre Entwicklung nicht auf der Basis einer langfristigen konzeptionellen Strategie vollzogen haben, bei der die Beachtung rechtlicher und steuerrechtlicher Gestaltungsspielräume im Vordergrund stand. Vielmehr wurde häufig auf aktuelle Gegebenheiten und Erfordernisse operativ reagiert.

- Berater werden vielfach nur zu bestimmten, unvermeidlichen Ereignissen,
- Rechtsanwälte im unvermeidlichen Streitfall mit Lieferanten, Kunden und Arbeitnehmern,
- Steuerberater hinsichtlich der Erstellung des Jahresabschlusses bzw. zur Vorbereitung größerer Investitionen konsultiert.

Die ihnen jeweils übertragene Aufgabe ist in der Regel auf einen klar umrissenen Sachverhalt begrenzt. Ein Zusammenwirken mehrerer Berater ist nur in Ausnahmefällen gegeben.
Zur Vermeidung unnötiger Kosten wird oftmals keine Strategieplanung in Auftrag gegeben. Aufgrund nur geringer eigener rechtlicher und steuerrechtlicher Kenntnisse der Unternehmer, werden zudem durch unpräzise Fragestellungen die gegebenenfalls konsultierten Berater nicht auf wesentliche Probleme aufmerksam gemacht und ihr qualifizierter Rat abgefordert.
Zu dem Themenbereich, insbesondere wie man die richtigen Berater findet und deren Leistungsvermögen für das Unternehmen erschließt, wird in diesem Kapitel noch hingewiesen.

9.2 Gesellschaftsrecht

Eines der zu Unrecht überwiegend nur von Existenzgründern diskutiertes Thema ist die Wahl der richtigen Gesellschaftsform, über die das Unternehmen am wirtschaftlichen Kreislauf teilnehmen soll.
Das deutsche Wirtschaftsrecht kennt eine Vielzahl von Unternehmens- und Gesellschaftsformen (Einzelunternehmen, Gesellschaften bürgerlichen Rechts, Kapitalgesellschaften und diverse Mischformen). In der Praxis haben jedoch die auf den ersten Blick etwas komplizierteren Gesellschaftsformen mittlerweile nur noch

eine geringe Bedeutung. Generell gilt, dass hinsichtlich der gesellschaftsrechtlichen Gegebenheiten Vertragsfreiheit besteht. Damit ist es möglich, die differenzierten Anforderungen der Unternehmer gesellschaftsrechtlich relativ frei umzusetzen. Überwiegend werden Unternehmen in der Form des Einzelunternehmens, einer GbR bzw. der einer GmbH betrieben.

TIPP!
Die einmal gewählte Gesellschaftsform muss nicht zwingend in der Zukunft beibehalten werden. Die Umwandlung in eine andere Gesellschaftsform kann für das Unternehmen von Vorteil sein!

Für die Notwendigkeit, die einmal gewählte Gesellschaftsform zu verändern, sollte geprüft werden, ob die gewählte Gesellschaftsform noch den derzeitigen Erfordernissen entspricht. Dabei sollten folgende Überlegungen im Mittelpunkt stehen:

- Marktakzeptanz
- Kapitalbeschaffung
- Begrenzung von Risiken
- Expansion des Unternehmens
- Senkung der realen Steuerlast
- Unternehmensnachfolge

Nachfolgend soll auf die wesentlichen Merkmale der häufig genutzten Gesellschaftsformen eingegangen werden:

9.2.1 Personengesellschaften

Einzelunternehmen

- Ursprünglichste Form der unternehmerischen Betätigung.
- Bei der Gründung des Unternehmens entstehen keine besonderen Kosten.
- Wesentliches Merkmal ist die unverzichtbare Mitarbeit und unbegrenzte Haftung des Unternehmers. Es bestehen keinerlei Einschränkungen unternehmerischer Entscheidungen durch Dritte.
- Die Kapitalbeschaffung erfolgt über private Einlagen und Darlehen, bzw. stille und atypisch stille Beteiligungen.
- Der Ausfall des Unternehmers ohne langfristig geplante Nachfolgeregelung führt fast immer zwangsläufig zum Untergang des Unternehmens.
- Der Unternehmer trägt direkt und persönlich die gesamte Steuerlast und die damit verbundenen Risiken.

- Die Marktakzeptanz ist wesentlich durch die Persönlichkeit des Unternehmers geprägt.
- Typische Unternehmensform für national und regional begrenzt operierende kleine und mittlere Unternehmen.

Gesellschaft bürgerlichen Rechts (GbR)

- Mindestens zwei, in der Regel gleichberechtigte Unternehmer, die im Innenverhältnis unterschiedliche Aufgaben und Kompetenzbereiche vereinbart haben können.
- Durch das Auftreten mehrerer Unternehmer kann sich die unverzichtbare Mitarbeit der Unternehmer problemlos auf alle Bereiche des Unternehmens erstrecken (ein Gesellschafter Techniker, ein Gesellschafter Kaufmann, usw.).
- Im Außenbereich volle Haftung aller Gesellschafter ohne Einschränkung. Nur sinnvolle Gesellschaftsform, wenn zwischen den Gesellschaftern eine hohe Übereinstimmung und ein ausgeprägtes Vertrauensverhältnis besteht.
- Nach jüngster Rechtsprechung wird auch der GbR eine eigene Rechtsfähigkeit zugestanden.
- Der Ausfall eines Unternehmers kann in Krisensituationen in der Regel durch den/die verbleibenden Partner kompensiert werden.
- Die üblichen gesellschaftsrechtlichen Festlegungen im Innenverhältnis führen sehr oft zu unüberbrückbaren Meinungsverschiedenheiten über die Führung und Entwicklung des Unternehmens.
- Die Kapitalbeschaffung erfolgt über private Einlagen und Darlehen, bzw. stille und atypisch stille Beteiligungen.
- Es bestehen steuerliche Gestaltungsmöglichkeiten zwischen den Gesellschaftern, die Gewinnverteilung kann individuell geregelt werden.
- Die Marktakzeptanz ist wesentlich durch die Persönlichkeit der Unternehmer geprägt.
- Typische Unternehmensform für national und regional begrenzt operierende kleine und mittlere Unternehmen.

OHG (offene Handelsgesellschaft)

- Sonderform der GbR
- Durch zwingend vorgeschriebene Eintragung im Handelsregister besitzt die OHG eine höhere Marktakzeptanz.

Kommanditgesellschaft (KG)

- Die zur GbR und OHG gemachten Aussagen treffen im wesentlichen auch auf die Kommanditgesellschaft zu.
- Die Gesellschaft besteht aus mindestens einem „Komplementär" der im Außenverhältnis unbeschränkt haftet und mindestens einem „Kommanditisten".
- Die Besonderheit ergibt sich aus der Tatsache, dass mindestens für einen Gesellschafter „Kommanditisten" die Haftung auf einen bestimmten Betrag begrenzt ist.
- Die Mitarbeit einzelner Gesellschafter ist teilweise nicht erforderlich bzw. erwünscht und dient häufig lediglich der Kapitalbeschaffung.
- Die üblichen gesellschaftsrechtlichen Festlegungen im Innenverhältnis führen in der Regel zur Dominanz eines Gesellschafters. Kann das Unternehmen seine Gewinnerwartungen erfüllen sind Meinungsverschiedenheiten über die Führung und Entwicklung des Unternehmens eher selten.
- Die Kapitalbeschaffung erfolgt vorrangig über die Einlagen der „Kommanditisten" natürlich auch über private Einlagen und Darlehen, bzw. stille und atypisch stille Beteiligungen.
- Es bestehen steuerliche Gestaltungsmöglichkeiten zwischen den Gesellschaftern, die Gewinnverteilung kann begrenzt individuell gestaltet werden. Sie ist üblicherweise an die Kapitaleinlagen und die Anzahl der Gesellschafter gebunden.
- Eine Kommanditgesellschaft verfügt in der Regel über eine hohe Marktakzeptanz. Durch den Firmenzusatz KG und die Eintragung im Handelsregister wird der Eindruck vermittelt, dass es sich bei den Inhabern über mehrere gestandene Unternehmerpersönlichkeiten mit überdurchschnittlicher Bonität handelt.
- Diese Unternehmensform hat im wesentlichen nationale Bedeutung, Kommanditgesellschaften treten häufig auch überregional und kapitalbeschaffend als Publikumsgesellschaften in Erscheinung. In der Vergangenheit wurde die KG immer wieder gern als sogenannte Verlustzuweisungsgesellschaft verwendet.

GmbH & Co. KG

- Sonderform der Kommanditgesellschaft, deren persönlich haftende Gesellschafterin eine GmbH ist.
- Haftungsbegrenzung aller Gesellschafter gewährleistet.
- Die GmbH & Co. KG bietet umfangreiche rechtliche und steuerrechtliche Gestaltungsmöglichkeiten.

Stille Gesellschaft

- Mit jeder Gesellschaftsform kombinierbar.
- Wesentliche Merkmale sind die nicht im Außenverhältnis ersichtlichen Beteiligungsverhältnisse.
- In der Regel reine Kapitalbeschaffungs- und Anlageform.
- In Form einer atypischen stillen Beteiligung (unternehmerische Beteiligung) bietet sie interessante steuerliche Gestaltungsmöglichkeiten.

9.2.2 Kapitalgesellschaften

Aktiengesellschaft (AG)

- Gesellschaftsform mit eigener Rechtspersönlichkeit. Die Haftung einer AG ist auf ihr Grundvermögen beschränkt. Das in Aktien zerlegte Grundkapital wird in der Regel von mehreren Personen und Gesellschaften gehalten. Teilweise ist das Kapital sehr breit gestreut. Die Errichtung einer AG kann aber auch als ein sogenanntes Familienunternehmen sinnvoll sein.
- Mindestgrundkapital 50.000 €.
- Komplizierte Gesellschaftsform, die umfangreiche Formvorschriften einhalten muss und über mehrere Organe (Vorstand, Hauptversammlung, Aufsichtsrat) verfügt.
- Das Management (Vorstand) ist häufig nicht mit den Hauptanteilseignern identisch. Diese üben ihre Kontrolle in der Regel über die Hauptversammlung und den Aufsichtsrat aus.
- Börsennotierte Unternehmen mit breiter Kapitalstreuung unterliegen der Gefahr der Übernahme durch Konkurrenten.
- Die Kapitalbeschaffung erfolgt überwiegend über das Grundkapital, Aktienemissionen und Darlehen.
- Für die Anteilseigner bestehen neben der Ausschüttungspolitik (Dividende) kaum steuerliche Gestaltungsmöglichkeiten.
- Die AG besitzt eine große Marktakzeptanz.
- Typische Unternehmensform für überregionale und international operierende Unternehmen mit ausgeprägten Organisationsstrukturen.

Gesellschaft mit beschränkter Haftung (GmbH)

- Gesellschaftsform mit eigener Rechtspersönlichkeit. Die Haftung einer GmbH ist auf ihr Stammkapital beschränkt. Das Stammkapital kann durch eine oder mehrere Personen oder Gesellschaften gehalten werden.
- Es sind geringere Formvorschriften und Aufwendungen gegenüber der AG erforderlich.

- Mindeststammkapital 25.000 €, wenn mehr als ein Gesellschafter vorhanden ist, brauchen bei der Gründung zunächst nur 12.500 € auf ein Konto der Gesellschaft nachgewiesen werden.
- Weitverbreitete Unternehmensform, bei der die Unternehmer (Einzelunternehmen, GbR) Haftungsrisiken von vornherein ausschließen wollen.
- Die Kapitalbeschaffung erfolgt vorrangig über das Stammkapital der Gesellschafter, über Gesellschafterdarlehen, Darlehen, bzw. stille und atypisch stille Beteiligungen.
- Diese Unternehmensform tritt sowohl regional, überregional und teilweise auch international in Erscheinung.

Die an sich positive Marktakzeptanz hat in letzter Zeit durch verstärkt auftretende Insolvenzen, insbesondere bei GmbH, Einschränkungen erfahren. GmbH mit dem Mindeststammkapital in Höhe von 25.000 € werden kritisch betrachtet.
Diese Tatsache sollte bei der Festlegung über die Höhe des Stammkapitals berücksichtigt werden.

Kommanditgesellschaft auf Aktien (KGaA)

- Kommanditgesellschaft bei der die Kommanditisten Aktionäre sind.
- Kommanditkapital beträgt mindestens 50.000 €
- Sehr selten gewählte Gesellschaftsform

Die Aufzählung der aufgeführten Gesellschaftsformen ist bei weitem nicht vollkommen. Darüber hinaus gibt es noch eine Reihe von Mischformen.
Von besonderem Interesse kann es sein, die unternehmerische Tätigkeit über mehrere Gesellschaften erfolgen zu lassen.

Insbesondere Steuerberater freuen sich über die legalen Möglichkeiten, die sich Ihnen eröffnen, wenn sich unternehmerische Aktivitäten über mehrere Gesellschaften erstrecken.
Diese Unternehmen sind nicht selten in der unterschiedlichsten Form direkt oder indirekt, offen oder verdeckt, miteinander verbunden.
Der Hinweis auf die Möglichkeit, die Gesellschaften mit versetzten Wirtschaftsjahren operieren zu lassen, sollte Ihrem Steuerberater als Gedankenstütze dienen.

Erstes Beispiel aus der Praxis:
Ein Unternehmen in der Rechtsform AG plant die Entwicklung eines neuen Produktes.
In der Entwicklungsphase kommt es zur Schaffung umfangreicher immaterieller Wirtschaftsgüter. Die Aktivierung dieser Wirtschaftsgüter ist im eigenem Unternehmen nicht möglich. Aufgrund der hohen Vorlaufkosten erscheint das Unternehmen hoffnungslos überschuldet. Banken und Anleger ziehen sich zurück bzw. sind verunsichert.

Lösung:
Für die Entwicklung des Produktes/Technologie wird eine separate GmbH gegründet. Diese GmbH veräußert die Entwicklung an die AG. Die AG kann die entsprechenden Aufwendungen aktivieren.

Zweites Beispiel aus der Praxis:
Eine GmbH hat durch Neugründung oder Investitionserweiterung über einen bestimmten Zeitraum mit steuerlichen Verlusten zu rechnen. Die Finanzierung erfolgt z.T. über Gesellschafterdarlehen, Bürgschaften etc.
Ihre Gesellschafterdarlehen müssen Sie (so sollte es sein!) aus versteuerten Privatvermögen bzw. privaten Darlehen bedienen.

Lösung:
Beteiligen Sie sich oder Dritte an Ihrer GmbH in Form einer atypisch stillen Gesellschaft. Die in der Investitionsphase entstehenden steuerlichen Verluste können Sie dann in erheblichem Umfang privat geltend machen, also mit Steuern investieren.

Nur auf der Grundlage einer langfristigen Entwicklungsstrategie der unternehmerischen Tätigkeit, insbesondere:

- zu der persönlichen Lebensplanung des Unternehmers,
- zu Marktentwicklungs- und Investitionsplänen des Unternehmens,
- zu Kapitalbeschaffungserfordernissen,
- zu der Unternehmensnachfolge und Erbfolge,
- zu privatem Geldbedarf (steuerrechtliche Erfordernisse),

kann die richtige Entscheidung über die zweckmäßige Gesellschaftsform des Unternehmens erfolgen.
Hierbei kommt es nicht auf den Umfang der Aussagen, sondern auf die konkrete realistische Willensbildung an. Zwingen Sie sich, klare Zielvorstellungen über einen Zeitraum von mindestens zehn Jahren, besser bis zu Ihrer geplanten Pensionierung abzugeben. Gehen Sie dabei zunächst von einer überwiegend positiven und dann von einer von Schwierigkeiten geprägten prognostischen Entwicklung aus. Orientieren Sie sich dabei ausschließlich an Ihren persönlichen Vorstellungen und Erwartungen.

Ein guter Berater ist aufgrund dieser persönlichen und klar umrissenen Erwartungen in der Lage, Ihnen eine optimale Empfehlung für die Gesellschaftsrechtliche Gestaltung Ihres Unternehmens vorzuschlagen.

Einige wichtige Tipps für kleine und mittlere Unternehmen

Naturgemäß wird die überwiegende Anzahl der kleinen und mittleren Unternehmen als Einzelunternehmen (nach bürgerlichen- und handelsrechtlichen) Grundlagen gegründet.
Zunächst sollen hierfür nochmals die Vorteile angeführt werden:

- Sofortige Verfügbarkeit der Firma durch Willenserklärung und Anmeldung
- Keine bzw. sehr geringe Gründungskosten
- Geringer organisatorischer Aufwand
- Die Firma kann zunächst ohne Personal und nur durch den Unternehmer betrieben werden
- Der Unternehmer hat sich sehr kurzfristig entschieden, seine unternehmerische Tätigkeit aufzunehmen
- Der Unternehmer verfügt über keine bzw. unzureichende wirtschaftsrechtliche Kenntnisse, kann aber bereits mit der Tätigkeit beginnen

Unternehmer, die sich entschlossen haben, diese Gesellschaftsform zu wählen bzw. beizubehalten, sollten sich jedoch auch über die Nachteile dieser Gesellschaftsform im klaren sein:

- Vollständige und unbeschränkte Haftung für sämtliche Handlungen, die mit dem Unternehmen im Zusammenhang stehen. Haftung u.U. auch auf den Ehepartner vorhanden.
  Wenn man sich also mit dem Gedanken trägt, sein Unternehmen in dieser Rechtsform zu führen bzw. weiterzuführen, sollte daher zumindest die Haftung des Ehepartners mittels Ehevertrag ausgeschlossen bzw. begrenzt werden.
- Keine oder nur unzureichende steueroptimierte Altersvorsorge möglich
- Unternehmensnachfolge schwer regulierbar, Ausfall des Unternehmers durch Krankheit kaum kompensierbar
- Einzelunternehmen können insbesondere hinsichtlich ihres Spitzensteuersatzes (der des Unternehmers) und hinsichtlich der Gewerbesteuer (keine Abzugsfähigkeit des Unternehmerlohns, wohl aber Freibetrag) steuerlich gegenüber Kapitalgesellschaften benachteiligt werden

9.3 Marken und Patentrecht

Die Auseinandersetzung Ihres Unternehmens am Markt ist und wird durch den Wettbewerb mit anderen Unternehmen geprägt. Die Sicherung von Erfindungen und/oder die Gestaltung einer Marke sichert dem Unternehmen langfristig erhebliche Marktvorteile bzw. Umsatzchancen. Mit der juristischen Sicherung Ihrer Ideen und Anstrengungen haben Sie die Möglichkeit, der weitverbreiteten Unsitte des „Trittbrettfahrens" entgegenzuwirken. Die juristische Bedeutung der Ergebnisse der unternehmerischen Tätigkeit wird im eigenen Unternehmen vielfach unterschätzt.
Im umgekehrten Fall greifen Sie unter Umständen auf geschützte Güter zurück. Die damit verbundene Schadenersatzklagen können das plötzliche „Aus" für Ihr Unternehmen bedeuten.

Haben Sie im Laufe der Zeit einen besonderen Lösungsweg, ein individuelles Produktionsverfahren entwickelt, dann
    scheuen Sie sich nicht, auch scheinbar belanglose Lösungen kritisch in Augenschein zu nehmen.

Produzieren Sie unter Umständen mit Hilfe geschützter Verfahren, dann
    vertrauen Sie nicht darauf, das bekannte Wettbewerber ähnlich verfahren, im Streitfalle können Sie sich hierauf nicht berufen.

Geben Sie dem Kind einen Namen!
    Scheuen Sie sich nicht, Wort- und Bildmarken zu definieren. Warum soll Ihre neue Kollektion, Maschine, Dienstleistung keinen eigenen Namen haben?

Beachten Sie den Zeitfaktor!
    Hinsichtlich Marken und Namensschutz spielt der Zeitpunkt der Beantragung eine wesentliche Rolle. Die Patentämter sind über das Internet zugänglich. Prüfen Sie, ob entsprechende Marken bereits bestehen. Scheuen Sie sich nicht, einen Schutz zu beantragen.

Patente und Wortmarken kosten viel Geld!!??
    Die Anmeldung von Patenten und Wort- bzw. Bildmarken ist viel billiger als Sie glauben.
    Der vorläufige Schutz einer Wortmarke ist schon ab 300 € zu haben.
    Was kostet Ihnen ein Rechtsstreit mit ungewissen Ausgang?
    Gut, dass man verglichen hat !

TIPP!
Sichern Sie zum frühst möglichen Zeitpunkt Ihre Ideen und Ergebnisse ab. Im Zeitalter der Informationsgesellschaft stehen Sie auch mit einem scheinbar kleinen regional tätigen Unternehmen unter ständiger Beobachtung.
Machen Sie sich bewusst, dass es eine Vielzahl von Personen und Gesellschaften gibt, die sich auf die Sicherung und Vermarktung fremder nicht geschützter Ideen spezialisiert haben. Hoffen Sie nicht auf eine später zu erstreitende Gerechtigkeit vor einem Gericht. Sie werden immer nur ein Urteil erhalten, dass sich an formalen Gesichtspunkten orientiert.

9.4 Vertragsrecht

In der betrieblichen Praxis sind eine Vielzahl von Verträgen zu schließen bzw. zu beachten. Dabei kommt es nicht immer auf die Schriftform an, oftmals sind sich die vertragsschließenden Parteien gar nicht bewusst, dass sie mit ihrem Tun bzw. Unterlassen einen Vertrag geschlossen haben. Auch durch Gewohnheitsrecht zustande gekommene Besitzstände können Vertragscharakter annehmen.
Letztlich ist der gesamte innerbetriebliche Bereich und die Teilnahme am wirtschaftlichem Leben weitgehend gesetzlich definiert, bzw. vertraglich geregelt.

9.4.1 Innerbetriebliche Verträge mit Arbeitnehmern

Auf der Grundlage nicht beeinflussbarer gesetzlicher Vorschriften sind insbesondere die arbeitsrechtlichen Gegebenheiten zu regeln.
Allgemein kann man feststellen, dass auf Grund weitgehender gesetzlicher Vorschriften den Arbeitnehmern günstige Rechtspositionen eingeräumt werden. Es ist daher dringend erforderlich, dass der Unternehmer den verbleibenden frei regelbaren Bereich nutzt, um die Interessen des Unternehmens vertraglich zu sichern. Jede Arbeitsaufnahme sollte daher prinzipiell vertraglich und zwar schriftlich vor der Arbeitsaufnahme geregelt werden.

Typischer Fehler:
Mit Arbeitnehmern wird mündlich vereinbart, zunächst ein paar Tage auf Probe zu arbeiten. Nicht selten ist im Rechtsstreit durch die Gerichte anerkannt worden, dass es sich mit der Arbeitsaufnahme um ein unbefristetes Arbeitsverhältnis gehandelt hat.

Auf Grund der bestehenden Festlegungen zum Kündigungsschutz kommt insbesondere der Vereinbarung einer Probezeit mit Regelung der dort gültigen Kündigungsfrist große Bedeutung zu. Auch durch den Abschluss zunächst befristeter Arbeitsrechtsverhältnisse kann die Rechtposition des Unternehmens besser gewahrt werden.

Bei der Beendigung eines Arbeitsrechtsverhältnisses kommt es seitens des Unternehmens zwingend darauf an, bestehende Form- und Fristregelungen exakt zu beachten. Jeder Unternehmer, der sein Unternehmen einmal vor einem Arbeitsgericht vertreten musste, weiß wie schwach die Position des Unternehmens ohne die Beachtung der entsprechenden Vorschriften ist.
Weiterer vertraglicher Regelungsbedarf besteht auch aus steuerrechtlichen Gesichtspunkten hinsichtlich der Nutzung betrieblicher Vermögenswerte (Pkw, Telefon, Rabatte für Waren) durch die Arbeitnehmer. Diese Positionen vertraglich zu regeln, hat neben der Sicherung von Rechtspositionen des Unternehmens, auch aus Sicht der Motivation der Arbeitnehmer Sinn.
Vereinbarungen, die individuell bzw. mit den Interessenvertretungen (z.b. Betriebsrat) geregelt werden müssen, beziehen sich u.a. auf die Notwendigkeit von Betriebsferien, Überstundenregelungen, Dienstreiseregelungen, Bereitschaftsdiensten und Veränderungen zum Arbeitsort.

9.4.2 Verträge des Unternehmers mit seinem Unternehmen

Diese Verträge habe insbesondere aus steuerrechtlichen Gesichtspunkten Bedeutung, daher sollen sie in diesem Abschnitt nur kurz erwähnt werden.
Bedeutung gewinnen derartige Verträge auch bei Insolvenz und Erbfall.
Typische vertragliche Regelungen beziehen sich auf:

- Geschäftsführervertrag (Kapitalgesellschaft)
- Pensionsregelungen (Kapitalgesellschaft)
- Vertretung des Unternehmens bei Abwesenheit
- Nachfolgeregelungen
- Mietverträge insbesondere über Immobilien im Privatvermögen
- Verträge mit Angehörigen (z.B. Unternehmen mietet Lagerflächen vom Ehepartner)
- Darlehensverträge (Betriebliches Darlehen vom Ehepartner)
- Sicherungsübereignungen

Beispiel:
Im Jahre 1998 wurde durch die Ehefrau dem Unternehmen ein Darlehen über 100.000 DM zur Verfügung gestellt. Das Darlehen wurde mit 6% verzinst und sollte im Jahre 2004 zurückgezahlt werden. Eine Maschine im Wert von damals ca. 200.000 DM wurde zur Sicherung des Darlehens an die Ehefrau sicherungsübereignet.
Das Unternehmen geriet im Jahre 2002 in eine Krise und musste im Jahr 2003 Insolvenz anmelden.
Die Maschine ist durch den Insolvenzverwalter an die Ehefrau zur freien Verwertung bis 100.000 DM herauszugeben. Die Maschine fällt nicht in die Insolvenzmasse!

Wenn das Darlehen als Einlage durch den Unternehmer in das Unternehmen geflossen wäre, würde es zu der Insolvenzmasse gehören.

9.4.3 Verträge des Unternehmens im Wirtschaftskreislauf

Vorrangig sind die Verhältnisse mit Lieferanten, Dienstleister und Kunden vertraglich zu regeln.
Mit der vertraglichen Regelung von Lieferungen/Dienstleistungen gewährleistet das Unternehmen einen stabilen und preislich vorhersehbaren Waren- und Dienstleistungsbezug. Durch die Aufnahme von Regelungen bei Vertragsstörungen, wie Schadenersatzleistungen und Festlegungen von Gewährleistungsregelungen, kann Schaden vom Unternehmen abgewandt werden.
Typische Regelungsinhalte:

- Menge und Preis (Währung beachten)
- Lieferzeit, Verfügbarkeit
- Gewährleistung (Ersatzlieferung, Reparatur)
- Schadenersatz
- Klauseln zur Vertragsbeendigung

Viel zu oft verlassen sich die Unternehmen auf die mündlichen Aussagen Ihrer Lieferanten und entwickeln danach ihr eigenes Leistungsspektrum.
Neben der Regelung eines reibungslosen, preislich stabilen Waren- und Leistungsbezuges, muss das Unternehmen darauf achten, inwieweit Vertragsstrafen Dritter, die durch Leistungsstörungen der Lieferanten verursacht wurden, an diese weiter geleitet werden können.

Typischer Fehler:
Mit dem Lieferanten A bestehen seit längerer Zeit stabile Lieferungsbeziehungen. Für die Realisierung eines größeren Auftragsvolumens ist die Lieferung des Lieferanten A von großer Bedeutung. Es werden keine vertraglichen Regelungen mit dem Lieferanten A getroffen, da bisher immer zu stabilen Preisen fristgemäß geliefert wurde. Der Lieferant A erhöht plötzlich aufgrund von Wechselkursänderungen bzw. eines höheren Marktbedarfs seine Preise.
Der eigene Kundenauftrag kann nur noch mit Verlust realisiert werden.

Auch die vertraglichen Regelungen gegenüber dem Kunden des Unternehmens bedürfen großer Aufmerksamkeit.
Bei der Lieferung an andere Unternehmen gilt das zuvor Gesagte.
Auch unter der Beachtung gesetzlicher Regelungen für private Endverbraucher, besteht für das Unternehmen ein gewisser Gestaltungsspielraum.

Insbesondere sollte mit den AGB (Allgemeinen Geschäftsbedingungen) gearbeitet werden. Damit wird vermieden, dass die in der Regel strengeren Bestimmungen des BGB (Bürgerlichen Gesetzbuches) vollständig zu Anwendung kommen dürfen. Bei der Arbeit mit AGB, insbesondere gegenüber Endverbrauchern, sind jedoch die Formvorschriften, Erklärung des Kunden über die Kenntnisnahme und Akzeptanz, zu beachten.

TIPP!
Schließen Sie möglichst keine mündlichen Verträge!
Verlassen Sie sich nicht auf allgemeine Zusagen und bisher positive Erfahrungen in der Geschäftsabwicklung!
Regeln Sie das Verhältnis zu Ihren Kunden auf vertraglicher Grundlage. Gestalten Sie unter Beachtung gesetzlicher Regelungen Ihre eigenen AGB's!

9.4.4 Sonstige Verträge

a) Wie stabil ist das Vertragsverhältnis mit Ihrer Bank?
b) Sind Sie im ausreichendem Maße versichert?
c) Besteht zu Ihrem Mietvertrag ein Sonderkündigungsrecht?

Zu a) Prüfen Sie im regelmäßigen Abstand Ihre sonstigen Vertragsverhältnisse. Kann Ihre Bank kurzfristig Ihren Kontokorrentkredit fällig stellen bzw. welche Vertragsdauer wurde hierzu vereinbart. Rechtzeitige Verhandlungen ersparen hier unangenehme Überraschungen.
Bei Liefer- und Leistungsbeziehungen in den $-Währungsbereich kann es sinnvoll sein, mit der Bank für die nächsten 12 Monate einen festen Wechselkurs (€ / $) zu vereinbaren. Verhandlungen mit der Hausbank sind immer erfolgreicher, wenn sie in einer Phase normaler Liquidität stattfinden. Planen Sie daher Ihren Liquiditätsbedarf langfristig.

Zu b) Unter Versicherungsvertragsverhältnissen wird oftmals nur der Schutz vor Haftpflichtrisiken, Elementarschäden und bestenfalls noch der Rechtschutz verstanden.
Beachtet werden sollte jedoch u.a. das Risiko eines Betriebsausfalls durch Elementarschäden zu versichern.
Die Bedeutung von Warenkreditversicherungen nimmt ständig zu. Versuchen Sie den wesentlichen Teil Ihrer Forderungen durch den Abschluss entsprechender Warenkreditversicherungen abzusichern, auch größere Kunden könnten ein Insolvenzverfahren beantragen.
Lassen Sie Ihre Versicherungsvertragsverhältnisse durch einen Makler betreuen, er haftet Ihnen gegenüber für umfassenden und preiswerten Versicherungsschutz.

Beachten Sie, dass Sie als Vorstand einer Kapitalgesellschaft ein Vermögensschadensrisiko besitzen, prüfen Sie den Abschluss einer entsprechenden Versicherung.

Zu c) Prüfen Sie, ob hinsichtlich Ihrer neuralgischen Betriebsstätten stabile Mietverhältnisse bestehen; durch das Wahrnehmen eines Sonderkündigungsrechtes seitens des Vermieters kann der gesamte Betriebsablauf empfindlich gestört werden.

TIPP!
Verhandeln Sie mit Ihrer Bank langfristig in Zeiten wirtschaftlicher Stärke und positiver Liquidität!
Sichern Sie Ihre Lieferungen mit Warenkreditversicherungen ab!
Lassen Sie Ihre Versicherungsverträge durch einen Makler betreuen!

9.4.5 Die konsequente Durchsetzung von Verträgen

Nur das Vorhandensein entsprechender Verträge versetzt Sie in die Lage, diese auch durchzusetzen. Klare Vertragspositionen und eindeutige Regelungen helfen erheblich bei der Durchsetzung von Verträgen und schaffen Rechtssicherheit.
Die Durchsetzung von Verträgen sollte zur Pflege der Geschäftsbeziehungen und zur Vermeidung unnötiger Kosten zunächst immer durch das Unternehmen selbst betrieben werden.
Die in Deutschland weitvertretene Unsitte, bei jeder Vertragsstörung gleich einen Anwalt zu beauftragen führt in den seltensten Fällen zum optimalen Ergebnis.
Führen Sie bei gestörten Vertragsverhältnissen zunächst einen klaren Schriftverkehr mit Ihren Vertragpartnern. Machen Sie Ihre Vertragspartner auf Ihre Versäumnisse aufmerksam und stellen Sie ihnen Fristen, diese zu beheben. Verweisen Sie auf den Ihnen u.U. entstehenden Schaden und die daraus Ihrem Vertragspartnern entstehenden Konsequenzen. Vermeiden Sie einen aggressiven Ton, schildern Sie den Fall objektiv und lassen Sie erkennen, dass Sie an einer einvernehmlichen Regelung interessiert sind. Drohen Sie nicht mit Gerichten und Rechtsanwälten, Ihren Vertragspartnern ist dieser u.U. nächste Schritt in der Regel bewusst.
Beachten Sie, dass die gerichtliche Durchsetzung Ihrer Positionen mit erheblichem zeitlichen und finanziellen Aufwand betrieben werden muss.
Erörtern Sie im Unternehmen Ihre Kompromissbereitschaft, definieren Sie Ihre Schmerzgrenze ohne diese Ihrem Vertragspartner zu nennen.

Sollte es sich nicht vermeiden lassen einen Rechtsanwalt mit der weiteren Klärung des Sachverhaltes zu beauftragen, beachten Sie, dass Sie zunächst mit diesem ein klares Vertragsverhältnis schließen müssen. Geben Sie Ihrem Rechtsanwalt nie pauschal freie Hand, sondern verhandeln Sie mit ihm zunächst über die Ihnen entstehenden Kosten. Fragen Sie ihn konkret nach dem Prozessrisiko. Verhandeln Sie nie mit einem Rechtsanwalt mündlich und alleine, bzw. fassen Sie das Ergebnis des Gespräches in einer Aktennotiz zusammen und lassen Sie es Ihrem Rechtsanwalt zukommen.

TIPP!
Reagieren Sie bei der Störung eines Vertragsverhältnisses immer schriftlich und konkret. Stellen Sie zur Behebung der eingetretenen Störungen klare Fristen. Machen Sie auf den Ihnen entstehenden Schaden aufmerksam!
Versuchen Sie möglichst einen Kompromiss zu finden!
Sehen Sie in dem von Ihnen beauftragten Rechtsanwalt, nur weil er Sie zunächst in Ihrer Rechtsauffassung bestätigt, keinen Freund, sondern einen neuen Vertragpartner! Vereinbaren Sie mit Ihm die notwendige Vorgehensweise und die entstehenden Kosten exakt und schriftlich!

Wenn Sie Ihre Verpflichtungen nicht erfüllt haben versuchen Sie mit Ihrem Geschäftspartner eine einvernehmliche Lösung zu finden, zeigen Sie sich zu Kompromissen bereit. Machen Sie eigene Vorschläge, um das Problem zu beheben.

Sind Sie sich unsicher, ob Sie im konkreten Fall die alleinige Schuld trifft und verhält sich Ihr Gesprächspartner aus Ihrer Sicht uneinsichtig?
Lassen Sie ihm den Rechtsweg einschlagen. Wer klagt, trägt zunächst die Kosten und trägt die Beweislast. Ein Urteil ist in der Regel nicht vor einem Jahr (Amtsgericht) bzw. zwei Jahren (Landgericht) zu erwarten.
Deutsche Richter zieren sich in der Regel, bei unklaren Rechtspositionen ein Urteil zu sprechen. Sie wirken massiv auf die Parteien ein, sich vor Gericht zu vergleichen. Sehen Sie also solchen Rechtsstreiten mit Gelassenheit entgegen.
Bei einem Vergleich mit anteiliger Übernahme der Kosten stehen Sie selten schlechter da, als wenn Sie sich sofort geschlagen geben.
Geben Sie gegenüber Ihrem Anwalt und dem Gericht zu verstehen, dass Sie sich auf der Grundlage einer gesicherten Rechtsposition befinden und durchaus einem Urteilsspruch positiv entgegensehen. Suchen Sie auf dieser Basis den Vergleich mit der Gegenseite.

9.5 Steuerrecht

In seiner Komplexität und in seinem Umfang ist das deutsche Steuerrecht einzigartig in der Welt.
Selbst erfahrene Steuerberater sind nicht immer in der Lage, kurzfristig klare Antworten und optimale Ratschläge abzugeben. Oftmals besteht aufgrund laufender höchstrichterlicher Verfahren Rechtsunsicherheit. Versuchen Sie nicht, im

Nebenberuf Steuerberater zu werden, sondern helfen Sie Ihrem Steuerberater durch klare Fragestellungen und Schilderungen, die richtigen Lösungswege vorzuschlagen.

Die Zielstellung bei der Beschäftigung mit dem Steuerrecht ist naturgemäß immer, Lösungswege für eine möglichst geringe steuerliche Belastung, ohne den strafrechtlichen Rahmen zu berühren, zu finden.
Oftmals wird durch den Steuerzahler jedoch auch nach Lösungen gesucht, eine Steuer, wenn denn nicht vermeidbar, zu einem späteren Zeitpunkt entstehen zu lassen bzw. zu begleichen.
Es ist daher notwendig, zusammen mit dem Steuerberater eine Steuerstrategie zu entwickeln. Erfahrene Steuerberater planen mit Ihnen, soweit möglich, eine Steuerstrategie bis zu Ihrer Pensionierung bzw. bis zum Tod.

Nachfolgend sollen einige wichtige Steuerarten in kurzer Form behandelt werden:

9.5.1 Umsatzsteuer

Mit sehr wenigen Ausnahmen stehen Fragen zu dieser Steuer im täglichen Interesse des Unternehmers.
Obwohl es sich bei dieser Steuer in der Regel um einen durchlaufenden Posten für das Unternehmen handelt, kann der Unternehmer durch Fehler und Unterlassungen erheblichen Schaden verursachen und darüber hinaus sich strafrechtlich verantwortlich machen.
Daher soll im Nachfolgenden der Problemkreis etwas umfangreicher behandelt werden.
Zunächst einige Begriffsbestimmungen zum Umsatzsteuerrecht (stark verkürzt):

Steuerart:

    Umsatzsteuer (Umsatzsteuergesetz UStG)
    Im Sprachgebrauch als Mehrwertsteuer (Allphasen-Netto-Umsatzsteuer mit Vorsteuerabzug, Bemessungsgrundlage Wertschöpfung) bezeichnet.

Besteuert werden:

- die Lieferungen und sonstigen Leistungen, die ein Unternehmer im Inland gegen Entgelt im Rahmen seines Unternehmens ausführt. Die Steuerbarkeit entfällt nicht, wenn der Umsatz aufgrund gesetzlicher oder behördlicher Anordnung ausgeführt wird oder nach gesetzlicher Vorschrift als ausgeführt gilt
- die Einfuhr von Gegenständen aus dem Drittlandsgebiet in das Inland oder die österreichischen Gebiete Jungholz und Mittelberg (Einfuhrumsatzsteuer)
- der innergemeinschaftliche Erwerb im Inland gegen Entgelt

- Der Eigenverbrauch (Entnahmen von Lieferungen und Leistungen) durch den Unternehmer
- Keine Besteuerung der Ausfuhrlieferungen (trotzdem Vorsteuerabzug) !

Besonderheit:

- Die Umsätze im Rahmen einer Geschäftsveräußerung an einen anderen Unternehmer für dessen Unternehmen unterliegen nicht der Umsatzsteuer.
  Kleinunternehmer (Umsatz im Vorjahr unter 17500 € und im laufenden voraussichtlich unter 50000 €) brauchen nicht am Umsatzsteuerverfahren teilzunehmen
- Schadensersatzleistungen sind nicht versteuerbar
- Auch unentgeltliche Zuwendungen (z.B. Telefonnutzung) an den Unternehmer sind steuerpflichtig

Geltungsbereich:

- Inland im Sinne dieses Gesetzes ist das Gebiet der Bundesrepublik Deutschland mit Ausnahme des Gebiets von Büsingen, der Insel Helgoland, der Freihäfen, der Gewässer und Watten zwischen der Hoheitsgrenze und der jeweiligen Strandlinie sowie der deutschen Schiffe und der deutschen Luftfahrzeuge in Gebieten, die zu keinem Zollgebiet gehören. Ausland im Sinne dieses Gesetzes ist das Gebiet, das danach nicht Inland ist. Wird ein Umsatz im Inland ausgeführt, so kommt es für die Besteuerung nicht darauf an, ob der Unternehmer deutscher Staatsangehöriger ist, seinen Wohnsitz oder Sitz im Inland hat, im Inland eine Betriebsstätte unterhält, die Rechnung erteilt oder die Zahlung empfängt.
- Das Gemeinschaftsgebiet im Sinne dieses Gesetzes umfasst das Inland im Sinne des Absatzes 2 Satz 1 und die Gebiete der übrigen Mitgliedstaaten der Europäischen Gemeinschaft, die nach dem Gemeinschaftsrecht als Inland dieser Mitgliedstaaten gelten (übriges Gemeinschaftsgebiet). Das Fürstentum Monaco gilt als Gebiet der Französischen Republik; die Insel Man gilt als Gebiet des Vereinigten Königreichs Großbritannien und Nordirland. Drittlandsgebiet im Sinne dieses Gesetzes ist das Gebiet, das nicht Gemeinschaftsgebiet ist.

Besonderheiten, die zu beachten sind!

Ort der sonstigen Leistung (keine Lieferung)
Eine sonstige Leistung wird dort ausgeführt, wo der Unternehmer sein Unternehmen betreibt.

Ausnahmen:

- Im Zusammenhang mit einem Grundstück – dort wo das Grundstück liegt
- Kulturelle, künstlerische, wissenschaftliche, sportliche Leistungen und Arbeiten an beweglichen Gegenständen – dort wo der Unternehmer zum wesentlichen Teil tätig wird
- Vermittlungsleistungen – Ort des vermittelten Umsatzes mit diversen Ausnahmen

Steuerbefreiungen (siehe § 4 UStG) hier nur **auszugsweise** dargestellt und die für die Praxis der Unternehmen von relevanter Bedeutung sind:
Im Einzelfall also immer prüfen!

- Ausfuhrlieferungen
- Umsätze für Seeschifffahrt und Luftverkehr
- Grenzüberschreitende Beförderungsleistungen
- Gewährung und Vermittlung von Krediten
- Umsätze der Bausparkassenvertreter, Versicherungsvertreter und Versicherungsmakler
- Vermietung und Verpachtung von Grundstücken (außer kurzfristiger Vermietung)
- Umsätze der Heilberufe

Steuersätze
Die Besteuerung steuerpflichtiger Umsätze erfolgt mit dem Regelsteuersatz von 16%.

Für bestimmte Umsätze ermäßigt sich die Steuer auf 7%, einige wesentliche Beispiele:

- Für Lieferung, Erwerb und Vermietung von:
Tieren, Fleisch, Fisch, Blumen, Gemüse, Kaffee, pflanzliche Stoffe, Bücher, Körperersatzstücke, Kunstgegenstände, Sammlungsgegenstände
- Aufzucht und Haltung von Tieren und Pflanzen
- Leistungen der Theater, Lichtspieltheater, Schwimmbäder
- Urheberische Leistungen

Wichtige Besonderheiten:
Journalistische Leistungen 7% USt
Verabreichungen von Speisen ohne Möglichkeit des Verzehrs vor Ort 7% USt

Ausstellen von Rechnungen
Führt der Unternehmer Lieferungen oder sonstige Leistungen aus, ist er berechtigt und, soweit er die Umsätze an einen anderen Unternehmer für dessen Unternehmen oder an eine juristische Person ausführt, auf deren Verlangen verpflichtet, Rechnungen auszustellen, die folgende Angaben enthalten müssen:

1. den Namen und die Anschrift des leistenden Unternehmers
2. den Namen und die Anschrift des Leistungsempfängers
3. die Menge und die handelsübliche Bezeichnung des Gegenstandes der Lieferung oder die Art und den Umfang der sonstigen Leistung
4. den Zeitpunkt der Lieferung oder der sonstigen Leistung
5. das Entgelt für die Lieferung oder sonstige Leistung
6. den auf das Entgelt (Nummer 5) entfallenden Steuerbetrag, der gesondert auszuweisen ist, oder einen Hinweis auf die Steuerbefreiung.

Bei Rechnungen, bei denen der Gesamtbetrag 100 € nicht übersteigt, sind mindestens die Punkte 1, 3, 4, 5, 6 aufzuführen.
Der Aussteller der Rechnung haftet für u.U. falsch ausgewiesene Steuerbeträge!

Beispiel:
Beim Verkauf eines Pkw weist der Verkäufer den vollen Umsatzsteuerbetrag aus, obwohl er (Privatperson) nicht zum Ausweis der Steuer berechtigt ist.

9.5.1.1 Vorsteuerabzug

Der Unternehmer kann im wesentlichen die folgenden Vorsteuerbeträge abziehen:

- Die in Rechnungen im Sinne des § 14 gesondert ausgewiesene Steuer für Lieferungen oder sonstige Leistungen, die von anderen Unternehmern für sein Unternehmen ausgeführt worden sind. Soweit der gesondert ausgewiesene Steuerbetrag auf eine Zahlung vor Ausführung dieser Umsätze entfällt, ist er bereits abziehbar, wenn die Rechnung vorliegt und die Zahlung geleistet worden ist.
- Die gezahlte Einfuhrumsatzsteuer, die Steuer für den Innergemeinschaftlichen Erwerb.

Nicht abgezogen werden darf, z.B.:
- Lieferungen, die der Unternehmer zu weniger als 10% für sein Unternehmen nutzt;
- Vorsteuer in nichtabzugsfähigen Betriebsausgaben;

Weitere Besonderheiten
- Bauwesen
  Vorsteuerbeträge auf Abschlagsrechnungen dürfen erst nach Ausgleich der Rechnung abgezogen werden.
- Versteuerung
  Unternehmer mit geringen Umsätzen schulden die Umsatzsteuer (Auf Antrag) erst nach Vereinnahmung des Geldbetrages
- Durchschnittssätze
  Für bestimmte Tätigkeiten kann die Vorsteuer nach Durchschnittssätzen, bezogen auf den Umsatz ermittelt werden

- Differenzbesteuerung
  Gebrauchtwagenhändler, die Fahrzeuge ohne Ausweis der Umsatzsteuer aufkaufen, zahlen (und weisen aus) die Umsatzsteuer nur auf die Differenz zwischen Ein- und Verkauf

9.5.1.2 Steuern vom Ertrag (Gewinn)

Im Mittelpunkt des Interesses stehen naturgemäß die nachfolgenden Steuerarten:

a) Einkommensteuer

Besteuerung der nachfolgenden Einkünfte
- Land- und Forstwirtschaft
- Gewerbebetrieb
- Selbständiger Arbeit
- Nichtselbständiger Arbeit
- Kapitalvermögen
- Vermietung und Verpachtung
- Sonstige Einkünfte,
  die einer natürlichen Person zugerechnet werden.

b) Körperschaftssteuer

Besteuerung der Einkünfte von Körperschaften (z.B. GmbH)

c) Gewerbesteuer

Besteuerung eines jeden Gewerbebetriebes. Kapitalgesellschaften gelten (bis auf wenige Ausnahmen) stets als Gewerbebetriebe.
Freiberufler (Rechtsanwälte, Steuerberater, Ingenieure,...) zahlen keine Gewerbesteuer.
Die tatsächliche Höhe der Gewerbesteuer wird durch die jeweilige Gemeinde bestimmt.
Die teilweise vorgeschriebene Verknüpfung und Abhängigkeit der o.g. Steuerarten untereinander hat aus Sicht des Unternehmers eine wesentliche gemeinsame Basis, nämlich in der Bilanz seines Unternehmens und den damit im Zusammenhang stehenden Gestaltungsspielräumen.

9.5.2 Einige steuerrechtliche Tipps für die Gestaltung von kleinen und mittleren Unternehmen:

Gestalten Sie die Mithilfe Ihrer Familie steuerrechtlich, z.b. mittels

- Ehegattenarbeitsvertrag
- Anstellung von Kindern
- Darlehensgewährung von nahestehenden Personen
- Vermietung von Betriebsmitteln und Grundstücken an das Unternehmen

Mittels Arbeitsvertrag erzielt Ihr Ehepartner sozialversicherungspflichtige Einkünfte, die Beiträge zur Sozialversicherung für Ihren Ehepartner sind neben dem Lohn abzugsfähige Betriebsausgaben.

Auch Ihre Kinder verfügen über einen steuerfreien Grundfreibetrag, entsprechende Gestaltungen sparen Ihnen pro Kind mehrere tausend Euro im Jahr.

Zinseinkünfte sind teilweise steuerfrei, Zinsaufwendung mindern in voller Höhe Ihren Gewinn.

Einkünfte aus Vermietung und Verpachtung unterliegen nicht der Gewerbesteuer.

Strukturieren Sie Ihr Unternehmen aus steuerrechtlichen Gesichtspunkten in Besitz und in Betriebsgesellschaft,

Führen Sie ein Fahrtenbuch, um der 1% Besteuerung des auch privat genutzten Pkw's zu entgehen.
Prüfen Sie, ob Sie durch eine Veränderung der Gewinnermittlungsart kurzfristig Steuervorteile erzielen können.
Schöpfen Sie die Gestaltungsmöglichkeiten der Bewertung aus.
Bilden Sie Rückstellungen für künftige Investitionen.

9.5.2.1 Bilanzpolitik und Steuern

TIPP!
Die Bilanzpolitik des Unternehmens bildet die wesentliche Grundlage der betrieblichen und individuellen Besteuerung!
Es ist sehr oft sinnvoll, seine Einkunftsquellen auf mehrere steuerliche Einkunftsarten zu verteilen!

Beispiel: Schwerpunkt Gesellschaftsform
(aus Vereinfachungsgründen ohne Beachtung einkommensteuerrechtlicher, tariflicher, gewerbesteuerlicher Begrenzungen)

Ein Unternehmer betreibt eine Kraftfahrzeugwerkstatt als Einzelunternehmen und nutzt das auf seinem Grundstück befindliche Gebäude als Betriebstätte, welches dem notwendigen Betriebsvermögen des Unternehmens zugerechnet und bilanziert wird.

Variante A
Der Unternehmer hat auf die gesamten Einkünfte seines Betriebes, nach Abzug individueller Sonderausgaben und außergewöhnlicher Belastungen, Einkommensteuern zu entrichten. Sein Spitzensteuersatz beläuft sich auf 48%. Unter Berücksichtigung eines Freibetrages von 24.500 € hat er auf den gesamten Gewinn seines Unternehmens Gewerbesteuern zu entrichten. Der Unternehmer kann keine betriebliche Altersversorgung für sich einrichten. Wenn der Unternehmer seinen Betrieb veräußert oder schließt, sind u.a. die stillen Reserven des Betriebsgrundstückes (Differenz zwischen Verkehrswert und Buchwert) voll zu versteuern. Wenn der Betrieb in einer Krisensituation Insolvenz anmelden muss, verliert der Unternehmer seinen gesamten Besitz.
Dieser Sachverhalt ist für historisch gewachsene Betriebe typisch.

Der Unternehmer hätte jedoch auch die nachfolgende Gestaltung wählen können:
Variante B
Der Betrieb wird in der Rechtsform einer GmbH betrieben. Der Unternehmer ist bei seiner GmbH als Geschäftsführer beschäftigt. Die GmbH hat für den Unternehmer eine betriebliche Altersversorgung eingerichtet. Die GmbH hat die Betriebsstätten von dem Unternehmer angemietet. Für den kurzfristig notwendigen privaten Kapitalbedarf hat der Unternehmer keine Gewinnausschüttungen vorgenommen, sondern von seiner GmbH ein Darlehen aufgenommen. Wenn die GmbH ihren Geschäftsbetrieb einstellt, braucht der Unternehmer die stillen Reserven, hinsichtlich des Grundstückes nicht zu versteuern. Im Insolvenzfall behält der Unternehmer sein gesamtes privates Vermögen, einschließlich des betrieblich genutzten Grundstückes. Die GmbH hat zunächst für den erwirtschafteten Gewinn Körperschaftssteuer (fester Satz 25%) zu entrichten. Sie hat auf den Gewinn weiterhin Gewerbesteuer zu entrichten. Zu beachten ist, dass der Unternehmerlohn (hier Geschäftsführergehalt) den Gewinn der GmbH in seiner gesamten Höhe mindert. Weiterhin mindern die Mietzahlungen an den Unternehmer den Gewinn der GmbH. Auch das eingerichtete Altersvorsorgewerk für den Unternehmer mindert in der Regel den Gewinn des Unternehmens.
Da der zusätzlich privat bedingte Kapitalbedarf des Unternehmers nicht über Gewinnausschüttungen, sondern über Darlehen gedeckt wird, bleibt es hinsichtlich der Steuerbelastung aus dem Bereich der GmbH bei dem festen Satz von 25 %. Hinsichtlich seiner Einkünfte als Geschäftsführer kann der Unternehmer weitere Werbungskosten bzw. einen Pauschalbetrag absetzen. Aus betrieblichen Mitteln

konnte der Unternehmer eine anspruchsvolle Altersversorgung (z.T. insolvenzsicher) aufbauen. Die Einkünfte aus der Vermietung seines Grundstückes unterliegen ebenfalls nicht der Gewerbesteuer. Seinen Betrieb (Anteile an der GmbH) kann der Unternehmer jederzeit veräußern, ohne in seinem Unternehmen befindliche Stille Reserven aufzudecken. Allerdings hat er auf die Differenz seines ursprünglich eingezahlten Stammkapitals zum Verkaufspreis Steuern zu zahlen. Die Übertragung des Unternehmens auf einen Nachfolger ist unkompliziert.

Die gesamten Beispiele sind nur oberflächliche und keineswegs abschließende Möglichkeiten der steuerrechtlichen Gestaltung. In der Praxis ergeben sich eine schier unendliche Zahl von Gestaltungsmöglichkeiten, die individuell auf den Unternehmer und dessen Familie angepasst werden müssen.

Beispiel: Verteilung von Verlusten „Bilanzlifting"

Der Unternehmer (z.B. GmbH „A") betreibt einen Computershop und bietet maßgesteuerte Softwarelösungen für seine Kunden an. Für einen größeren Auftrag, bzw. um neue Kunden zu gewinnen, muss er mehrere Mitarbeiter über ein Jahr für die Softwareentwicklung einstellen, um ein Programm zu entwickeln.
Die GmbH hat gewöhnlich ein ausgeglichenes Betriebsergebnis.

Typischer Sachverhalt
Das Unternehmen hat im Jahr der Softwareentwicklung erhebliche Aufwendungen, die zu einer bilanziellen Überschuldung des Unternehmens führen.
Auf Grund der nur begrenzt sofort verrechenbaren Verluste mit früheren Gewinnen mindern die Aufwendungen nur zum Teil die Steuerbelastung.

Bilanz GmbH „A"

Aktiva	**Passiva**
Entwicklungskosten nicht aktivierbar	hoher Verlust (in Höhe der Entwicklungskosten)

Das Unternehmen ist bilanziell hoffnungslos überschuldet, aufgrund bisheriger ausgebliebener Betriebsergebnisse kann keine Steuererstattung erwartet werden.

Bessere Gestaltung
Der Unternehmer gründet für die Softwareentwicklung eine eigene GmbH „B" und verkauft deren Ergebnisse an die GmbH „A"

Bilanz GmbH „A"

Aktiva	**Passiva**
Erworbene Programme	geringer Verlust (in Höhe der AfA-Programme)

Bilanz GmbH „B"
Aktiva **Passiva**
Zwischen Aktiva und Passiva ist eine ausgeglichene Bilanz, da der
Veräußerungserlös annähernd den Entwicklungskosten entspricht.

Gleichmäßige bilanzielle Verteilung der Entwicklungskosten über den
Vermarktungszeitraum möglich.

Beispiel: zeitliche Steuerverschiebung

Das Unternehmen hat auf Grund günstiger Geschäftsentwicklung im Jahre 2001 einen Gewinn von 45.000 € erwirtschaftet.
Notwendige Investitionen über 50.000 € (Abschreibungszeitraum 10 Jahre) haben die Liquidität jedoch belastet. Für die sich ergebende Steuer in Höhe von ca. 17.000 € ist kein Geld zur Verfügung.
Absehbar ist jedoch, dass im Jahre 2003 ein neuer Lkw (100.000 €) angeschafft werden soll. Diese Investition wird zweckmäßigerweise über die Bank finanziert. Durch Bilden einer Ansparabschreibung (40% der geplanten Investition) bereits im Jahr 2001 wird die steuerliche Belastung des Jahres 2001 von ca. 17.000 € um 15.150 € auf 1.850 € gesenkt.

Die vorgenannten Beispiele sollen lediglich als Anregung gedacht sein.

TIPP!
Da Sie als Unternehmensleitung oft in rechtlichen Fragen überfordert sind und alleine nicht in der Lage sind, hier eine optimale Lösung zu finden, sollten Sie unbedingt mit Ihrem Steuerberater folgende Themen gründlich beraten:
- Rechtsform des Unternehmens, atypische Beteiligungen
- Mehrere Unternehmen, mit teilweise versetztem Wirtschaftjahr
- Bilanzierungswahlrechte, Ausschüttungspolitik
- Leasing oder Finanzierung
- Sales & Back
- Darlehensverträge, Sicherungsübereignungen
- Geschäftsführerbezüge, Arbeitsrechtsverhältnisse mit Verwandten
- Altersversorgung, Erbschaft
- Nachfolgeregelung, Unternehmensverkauf
- Insolvenzvorsorge
- Immobilien im Betriebs- bzw. Privatvermögen
- Vermietung und Verpachtung von Anlagevermögen....

9.5.3 Hinweise für die Auswahl eines Unternehmensberaters (seriöser Berater)

Lakonisch muss hier erst einmal bemerkt werden, nicht über die „Gelben Seiten". Bei der Vielzahl der niedergelassenen Rechtsanwälte und Steuerberater fällt es sehr schwer, den für das Unternehmen und die eigene Person richtigen Berater zu finden. Im Nachfolgenden soll daher die Arbeitsweise der Berater und deren Befindlichkeiten zunächst einmal näher dargestellt werden.
Seriöse Steuerberater und Rechtsanwälte sind prinzipiell an einer langfristigen Zusammenarbeit zu Ihrem wirtschaftlichen Vorteil interessiert. Sie wägen ihren Aufwand und Nutzen bezogen auf ihren Mandanten klar ab. Daher sind sie stets bestrebt, Leistungen an den Mandanten zu verkaufen. Seriöse Berater werden dabei jedoch immer auch die Belastbarkeit des Mandanten in ihre Honorargestaltungen einbeziehen.
In ihrer Beratung orientieren sie sich stets an den machbaren Gegebenheiten und versprechen in der Regel nichts Unwahrscheinliches.
Seriöse Berater finden Sie am ehesten über Publikationen und persönliche Empfehlungen. Fehlen diese, sprechen Sie mit mehreren Beratern und befragen diese nach dem Ablauf der Zusammenarbeit.

Rechtsanwaltskanzleien / Steuerbüros (Einzelkanzlei)

Vorteil:

Der Berater ist Unternehmer, es ist unwahrscheinlich, dass örtliche und personelle Veränderungen in der Kanzlei eintreten.
Der Berater sucht in der Regel den individuellen Kontakt zu seinem Mandanten, um ihn damit an die Kanzlei zu binden.
Er nimmt sich meist Zeit, die gesamten juristischen und steuerlichen Gegebenheiten des Mandanten in Erfahrung zu bringen.
Er ist auf Grund der überschaubaren Mandantenanzahl recht schnell zu dem Sachverhalt des Mandanten im Bilde.
In der Regel werden Beratungs- und Dienstleistungen nicht umfangreich auf Angestellte verlagert.

Nachteil:

Die Kanzlei (Urlaub und Krankheit) steht dem Mandanten nicht uneingeschränkt zur Verfügung.
Jeder Berater verfügt über eine gewisse Spezialisierung bzw. über weniger Erfahrungen zu speziellen Sachverhalten. Die Beratungsleistung ist daher fachspezifisch nicht von gleich hoher Qualität. Von einem gewonnenen Rechtsstreit im Verkehrsrecht kann nicht auf die Kompetenz im Bauvertragsrecht geschlussfolgert werden.

Ein Steuerberater der überwiegend Einzelunternehmer betreut, hat nur eingeschränkte Kenntnisse im Bereich der Kapitalgesellschaften.

Rechtsanwaltskanzleien / Steuerbüros (Soziteten)

Vorteil:

Mehrere Berater decken in Zusammenarbeit einen größeren Bereich mit ihren Spezialkenntnissen ab.
Auch im Urlaub oder Krankheitsfall ist immer ein Berater ansprechbar.

Nachteil:

Teilweise wird der Mandant von angestellten Beratern betreut, der Berater ist nicht immer selbst Unternehmer.
Große Kanzleien haben eine hohe Fluktuation der Berater und Angestellten.
Der jeweilige Berater ist meist nicht mit dem gesamten Spektrum der Probleme des Mandanten vertraut.
Umfangreiche Beratungs- und Dienstleistungen werden Angestellten übertragen.

Welche Fragen sollte der Mandant an den Berater stellen?

Wie schätzt der Rechtsanwalt das Prozessrisiko ein?
Hat der Rechtsanwalt Erfahrungen zu ähnlich gelagerten Fällen, wie war dort der Prozessausgang?
Welche Kosten kommen auf den Mandanten zu?
Welche Alternativen gibt es zu dem empfohlenen Vorgehen?
Hat der Steuerberater vergleichbare Mandate aus Ihrer Branche?
Wie hoch ist die konkrete perspektivische Steuerlast?
Gibt es Alternativen, was müsste dafür getan werden?

Wie verhält sich der richtige Berater?

Er versucht schnell, den gesamten Sachverhalt durch gezielte Fragen zu erfassen.
Er schweift nicht vom Thema ab, sondern zwingt den Mandanten immer wieder, sich umfassend zum Thema zu äußern.
Er versucht nicht sofort, ein vertrautes persönliches Verhältnis mit dem Mandanten aufzubauen.
Er erläutert konkret das Prozessrisiko und die Chancen.
Er schätzt den Kostenrahmen sachgerecht ein.
Er drängt nicht sofort auf den Rechtsstreit, sondern versucht vorgerichtlich zu vermitteln.
Er erläutert dem Mandanten mögliche steuerliche Alternativen und zeigt das Prüfungsrisiko auf.

Was sollte der Mandant vermeiden?

Umfangreiche, nicht zum Sachverhalt gehörende Selbstdarstellungen.
Abschweifende Erläuterungen, die von dem konkreten Thema wegführen.
Eigene vorschnelle rechtliche und steuerrechtliche Wertungen des Sachverhaltes.
Übermäßige emotionale Wertungen zu Personen und überzogenen Forderungen.
Fehlende Kompromissbereitschaft und Geduld.
Prahlen mit den eigenen Kenntnissen im Recht - Steuerrecht.

Den Eindruck vermitteln, dass man ein „Erbsenzähler" ist (solche Mandanten kosten unnötig viel Zeit für Unwesentliches und werden genau so beraten).
Solche Mandanten erhalten eine Bilanz auf Blütenpapier im festlichen Einband mit schwachem, nicht widerlegbarem und leicht erklärbarem Inhalt.

Rechthaberisch und schlitzohrig auftreten.
Denken Sie immer an das Motto vieler Berater „Der überhebliche Mandant von heute ist der Feind von Morgen". Für solche Mandanten bewegen sich die Berater nie in den Grenzbereich des Machbaren! Der Berater wird bei einem solchen Mandantenverhältnis viel Zeit und Mühe, auf Ihre Kosten, für seine eigene Absicherung aufwenden!

Glauben Sie nicht, dass Sie erfahrene Berater nachhaltig anlügen können. Deren Lebenserfahrung hat sie in der Regel zu Hobby-Psychologen werden lassen. Entsprechende Spielchen werden Sie in der Regel immer teuer bezahlen.

LITERATURVERZEICHNIS

- Kenzelmann, Peter: „Kundenbindung"
  Cornelsen Verlag, Berlin, 2003

- Herzlieb, Heinz-Jürgen: „Erfolgreich verhandeln und argumentieren"
  Cornelsen Verlag, Berlin, 2000

- Breitkreuz, Gustav: „Begeisterte und kompetente Kundenberatung"
  Shaker Verlag, Aachen, 2004

- Pfeifer, Tilo: „Qualitätsmanagement"
  Carl Hauser Verlag, München-Wien, 1996

- Weissmann, Arnold: „Marketing-Strategie"
  Verlag Moderne Industrie, Landsberg, 1991

- Gülter, Andre und Kähr, Peter: „Aus der Krise zum Erfolg"
  Midas Management Verlag, Zürich 1999

- Barowski, Mike und Müller, Achim: „Online Marketing"
  Cornelsen Verlag, Berlin, 2000

- Rahm, Horst-Joachim: „Unternehmensführung"
  Friedrich Kiehl Verlag, Ludwigshafen 2000

- Lippert, Werner: „Existenzgründung"
  Bassermann Verlag, München 2003

- Schmalen, Helmut : „Grundlagen und Probleme der Betriebswirtschaft"
  Schäfer-Poeschel Verlag 2002

- Semper, Lothar   „Die neue Handwerker-Fibel"
  Gress, Werner   Hans Holzmann Verlag, Bad Wörischhofen 2003
  Mahl, Guntram
  Franke, Klaus
  Gress, Bernhard

- Institut der Steuerberater GmbH Berlin: „Handbuch der Steuerveranlagungen"
  Verlag des wissenschaftlichen Instituts der Steuerberater GmbH Berlin,
  Verlag C.H. Beck München, 2003

STICHWORTVERZEICHNIS

A
Aktiengesellschaft, 123, 125
Arbeitsverträge, 128
Arbeitszufriedenheit, 80

B
Bankverträge, 131, 132
Begriffserläuterungen, 103, 104, 105
Bestandsaufnahme
- Einkauf, 22
- Liquidität, 23, 24
- Markt, 21
- Personal, 22

Bilanzierung, 141, 142
Bilanzpolitik, 140, 141

C
Cashflow, 97
Controlling
- Checkliste, 99, 100, 101, 102
- Finanzablauf, 99
- Grundanliegen, 91
- Instrumente, 91
- Kennzahlen, 106, 107, 108
- Managementcontrolling, 91

E
Eigenkapitalquote, 95
Eigenkapitalrentabilität, 96
Einkauf, 26
Einzelunternehmen, 120, 121, 126, 127

G
Gesamtkapitalrentabilität, 96
Gesellschaft bürgerlichen Rechts, 121
Gesellschaft mit beschränkter Haftung, 124, 125
GmbH & Co. KG, 122
Gewerbesteuer, 138, 139
Gewinnmaximierung, 15

I
Informationssysteme, 27, 28

K
Kenngrößen
- Controlling, 31
- Einkauf, 29
- Lagerwirtschaft, 29, 30
- Produktion, 30
- Rechnungswesen, 30

Kennzahlenerläuterung, 106, 107, 108
Kommanditgesellschaft, 122
Kommanditgesellschaft auf Aktien, 124
Kundenbefragung
- Arten, 38, 39
- Auswertung, 44
- Befragungsbereiche, 39
- Inhalte/Fragen, 41, 42, 43, 44

Kundenberatung
- Instrumente, 69
- Kundengewinnung, 67
- Qualität, 53, 54
- Sechsstufenmodell, 70, 71, 72, 73, 74
- Strategien, 68

Kundenorientierung
- Analyse, 56, 57
- Ansprüche, 55
- Beziehungsaufbau, 58, 59, 60
- Qualität, 57

L
Lagerwirtschaft, 26
Liquidität
- Definition, 92
- Einflussgrößen auf die Planung, 113, 114, 115
- Liquiditätsfinanzierung, 109, 110, 111

- Liquiditätsgrad, 93, 94, 95
- Liquiditätskontrolle, 116, 117, 118
- Liquiditätsplanung, 112
- Liquiditätsreserve, 92, 93
- Ursachen, 92, 109

M
Management, 31
- Beziehungsmanagement, 58
- Motivationsmanagement, 77, 78, 79, 80

Marken, 127
Marketing
- Alternativstrategien, 37, 38, 39, 40
- Analyse, 34
- Definition, 33
- Merksätze, 33
- Neupositionierung, 36
- Strategie, 35

Mitarbeiterzufriedenheit, 80
- Befragungsmodellbeispiel, 81, 82, 83, 84, 85
- Einflussgrößen (Mitarbeiter), 87
- Einflussgrößen (Unternehmensleitung), 87

Motivation
- Faktoren, 77
- Motivationspsychologie, 78

O
Offene Handelsgesellschaft, 121

P
Patentrecht, 127, 128
Produktion, 26
Praxisbeispiele
- Mitarbeiterzufriedenheit, 88, 89, 90
- Motivation, 88, 89, 90

Psychologie
- Anforderungen, 64, 65, 66
- Kenntnisse, 64

R
Rechnungswesen, 27
Reklamationsabwicklung
- Definition, 50
- Regeln einer erfolgreichen Reklamationsbehandlung, 51, 52
- Reklamationsbehandlung, 51
- Reklamationsgründe, 50
- Schlechte Reklamationsbearbeitung, 53

Rhetorik
- Gestik, 63, 64
- Körperhaltung, 62, 64
- Mimik, 63, 64
- Sprache, 61, 62
- Stimme, 60, 61

S
Servicequalität
- Kundenanforderungen, 47
- Kundenbewertung, 47, 48, 49
- Wettbewerbsanforderungen, 47

Stille Gesellschaft, 123
Steuerrecht, 134
- Einkommensteuer, 138
- Körperschaftssteuer, 138
- Steuersätze, 136, 137
- Umsatzsteuer, 134, 135, 136, 137
- Vorsteuer, 137, 138

Steuerrecht in kleinen und mittleren Unternehmen, 139

U
Umsatzkennzahlen, 28, 29
Umsatzrentabilität, 98
Unternehmensberater, 143, 144, 145, 146
Unternehmensphilosophie
- Image, 20
- Leitbild, 20
- Säulen, 19
- Strategie, 20

- Vision, 20
Unternehmensziele
- Analyse, 16, 17, 18
- Arten, 16, 17, 18
- Grundlegende, 15
- Umsetzung, 16, 17, 18, 19
Unternehmerverträge, 129, 130
- Inhalte, 130
- Festlegungen, 130, 131

V
Verschuldungsfaktor, 99
Verschuldungsgrad, 98
Versicherungsverträge, 132
Vertragsdurchsetzung, 132, 133, 134
Vertrieb, 25